Gustav. [from old catalog] Kanngiesser, Gustav Kanngiesser

Die Stellung Moses Mendelssohns in der Geschichte der Ästhetik

Gustav. [from old catalog] Kanngiesser, Gustav Kanngiesser

Die Stellung Moses Mendelssohns in der Geschichte der Ästhetik

ISBN/EAN: 9783743479845

Hergestellt in Europa, USA, Kanada, Australien, Japan

Cover: Foto ©ninafisch / pixelio.de

Manufactured and distributed by brebook publishing software (www.brebook.com)

Gustav. [from old catalog] Kanngiesser, Gustav Kanngiesser

Die Stellung Moses Mendelssohns in der Geschichte der Ästhetik

Die

Stellung Moses Mendelssohn's

in der

Geschichte der Aesthetik

von

Dr. Gustav Kanngießer.

Frankfurt a. M. 1868.
Verlag der F. Boselli'schen Buchhandlung
(W. Rommel).

Die Stellung Moses Mendelssohn's in der Geschichte der Aesthetik.

Vorwort.

Die einstige Bewunderung, welche sich an den Namen Mendelssohn knüpfte, ist schon längst einer kühlen Geringschätzung gewichen, indem eine stolz emporstrebende Wissenschaft von ihrem gewaltigen Vorsprunge aus lächelnd auf die hinter ihr liegende Unvollkommenheit des Anfängers zurückblickt. Besser noch schien sich sein Andenken im Volke zu erhalten, zumal es diesem durch ein bekanntes Sammelwerk erneuert wurde, welches ein Werk des Popularphilosophen, allerdings in outrirter Weise, als Eigenthum der Nation darbot. Lange jedoch hielt dies nicht an, da der hier sich breit machende Wolff'sche Idealismus auf die Dauer auch einem minder urtheilsfähigen Standpunkte ungenügend erscheinen mußte, und die schöne Form und anmuthige Haltung, welche den Phädon wie die übrigen Schriften Mendelssohns zieren, für sich allein nicht befriedigen konnten. Diese erstorbene Vorliebe hatte weder die von seinem Sohne besorgte Gesammtausgabe seiner Werke noch auch das zu Anfang dieses Jahrzehents erschienene,

seinem Leben und Wirken gewidmete, Buch von
Kayserling nachhaltig zu beleben vermocht, und
es würde sich die Erinnerung an ihn bald ganz ver=
lieren, wenn nicht die Wissenschaft sich wieder an=
schickte, das von ihr begangene Unrecht gut
zu machen. Ob das hochmüthige Herabblicken auf
ihn, wie auf sein Zeitalter, nicht ein ganz natür=
licher Rückschlag gegen eine ehemalige Ueberschätzung
war und ist, wollen wir hier nicht untersuchen;
Thatsache ist, daß sein Gedächtniß nicht untergehen
wird: dafür hat er sich ein Denkmal auf einem
Gebiete gesetzt, welches zu tief in das moderne Cul=
turleben eingreift, um übersehen zu werden. Die
edle, ihn kennzeichnende, Bescheidenheit, mit welcher
er sich selbst immer in den Hintergrund stellte, würde
ihn in der Verborgenheit gelassen haben, wenn nicht
die Verehrung der größten Zeitgenossen, Lessing's
an der Spitze, ihn über sich selbst hinausgetragen
und einer ruhmreichen Oeffentlichkeit übergeben hätte.
Derselbe anspruchslose Charakter, welcher seiner per=
sönlichen Erscheinung die liebenswürdigsten Reize
verlieh, ist auch in seinen Schriften ausgeprägt und
sogar in der äußeren Form erkennbar; der sanft und
klar hinfließende Stil versucht nie, auch nicht ver=
steckt, den Beifall zu provociren, sondern will allein
die Theilnahme der Leser fesseln und sie durch ruhige
Ueberzeugung gewinnen. Um so mehr aber ist es

die Aufgabe der Wissenschaft, seinen Leistungen den verdienten Werth zuzusprechen und die Anerkennung zu sichern, auf welche er selbst, schüchtern genug, nicht zu rechnen wagte. Seine erste Thätigkeit war hauptsächlich der eben erst aufgekommenen, und als selbständiger Zweig der Philosophie hingestellten Aesthetik gewidmet, so jedoch, daß er in den Grenzen des damals geltenden Systems einzelne Fragen daraus, wie später Schiller auf dem Boden Kant's, einer gründlicheren und tieferen Bearbeitung unterzog, als dieselben sie in dem engen Rahmen des Baumgarten'schen Buches gefunden hatten. Wenn es nun eine sehr zutreffende und wahre Bemerkung ist, daß gerade die Männer, welche nicht Aesthetiker von Fach waren, für den Aufbau dieser Wissenschaft von der größten Bedeutung gewesen sind, so werden wir, wenn anders unsre Prüfung eine einsichtsvolle und von Vorurtheilen unbeirrte ist, auch Mendelssohn, dessen eigentliches Feld in einer anderen Richtung liegt, an dieser Förderung in nicht unbeträchtlichem Maße participiren sehen. Der Historiker der Aesthetik, welche in der Mitte dieses Jahrhunderts ihre Säcularfeier begehen konnte, hat, auch nach dem beachtenswerthen Vorgange Danzel's, Mendelssohn noch nicht die ihm gebührende Würdigung zu Theil werden lassen, und wohl deßhalb, weil er mit einem allzu einseitigen

Maßstabe an die Erscheinungen der vorkantischen Kunstphilosophie gegangen ist. Die nachfolgenden Blätter treten daher oft in einen bestimmten Gegensatz zu dem ziemlich allgemein festgehaltenen Gesichtspunkt und bieten den Versuch, die Wirksamkeit des Mannes, den Lessing so außerordentlich liebte und hochhielt, nach dieser Seite hin in einem richtigeren, neue Aufschlüsse gewährenden Lichte zu betrachten. Mögen sie, als ein kleiner Beitrag zur Geschichte der Wissenschaft des Schönen, eine freundliche Aufnahme finden.

Frankfurt a. M., im Juni 1868.

Der Verfasser.

Als der allgemeinste Charakter jener Entwicklung des philosophischen Bewußtseins, welche sich in dem Zeitalter der deutschen Aufklärung vollzog, läßt sich der entschiedenste und ausgeprägteste Individualismus bezeichnen. Ueberall tritt das Subjekt als herrschendes in den Vordergrund, mit dem Anspruche, in absoluter Weise der Gegenstand wissenschaftlicher Betrachtung zu sein, während allem Anderen nur ein secundäres und relatives Interesse zu Theil wird. Die Außendinge haben die Bedeutung bloßer Mittel, indem sich das souveraine Ich derselben theoretisch als der Objecte seiner Erkenntniß oder Unterhaltung und praktisch zur Realisirung seiner Zwecke bedient. Nicht mit den Dingen deshalb selbst und ihrem Complex, sondern nur mit ihren Beziehungen auf uns hat es der philosophirende Geist zu thun, welcher demgemäß seine Untersuchungen dahin richtet, ob und inwieweit wir zu einer Gewißheit über die Existenz der Dinge gelangen können, welchen Nutzen sie uns gewähren und hauptsächlich auch unter welchen Bedingungen sie in uns das Gefühl der Lust (das ästhetische Wohlgefallen) erregen. In der Ergründung und Betrachtung des menschlichen Ichs also culminirt die philosophische Thätigkeit, ein Gedanke, welchen der englische Dichter Pope bekanntlich in dem viel citirten und beliebten Ausspruche „the proper study of mankind is man", formulirte. Aufklärung und Cultur werden als die Erscheinungsformen der Bildung bestimmt. Der Mensch an sich wird gepriesen, als Einzelwesen, als Individuum geltend gemacht und ist als Einzelner höchster Zweck, von welchem Gesichtspunkte aus man natürlich zur durchgeführtesten Selbstisollrung endlich gelangen muß. Da nun die Empfindungen und Gefühle, als das Subjectivste im Menschen, denselben am Meisten in seiner Besonderheit und Einzelheit darstellen, so werden diese begreiflicherweise mit besonderer Vorliebe und Ausführlichkeit behandelt, wie denn auch, da das Einzelne allein durch die Wahrnehmung sich finden läßt, die Beobachtung ein viel tractirtes Thema bildet. Das Wesen dieses Subjectes aber wird in das Denken gelegt, und es als das verständige bezeichnet.

In diesem Punkte nun eben scheint der Subjectivismus am Grellsten hindurch. Dieses Denken nämlich ist kein Denken im höchsten Sinne, d. h. ein speculatives, sich mit seinem Objecte zur Einheit zusammenschließendes, mit ihm identisches, sondern nur ein subjectives, verständiges „eigenes" Denken. Das verständige Subject dehnt vermessen seine Herrschaft über Alles aus und läßt nichts unangetastet; der Verstand ist der Imperator, dem sich Alles fügen muß. Er geht darauf aus, alle Objecte in ihrer einfachen Widerspruchslosigkeit zu fassen, alles Complicirte zu sondern und zu zerlegen, und verbraucht in der Analysis der Begriffe seine Hauptkräfte.

Hier, in dieser einseitigen Verstandesrichtung, wurzelt der moderne Antagonismus und findet darin seine berechtigten Motive. Denn in der That lassen sich aus den angeführten charakteristischen Eigenthümlichkeiten alle die Mängel und Schatten deduciren, welche das Licht der Aufklärung verdunkeln. Aus der sich breit machenden, singulären, logischen Thätigkeit, jene Verstandesdürre und Nüchternheit, welche als das sicherste Kennzeichen jenes Zeitalters gilt, und welche, von dem schärfsten Gegensatze gegen alle s. g. Verworrenheit (Mystik u. s. w.) getragen, dieselbe sehr oft und in den meisten Fällen mit Tiefe und Innerlichkeit verwechselnd, zu der berüchtigten Trivialität und Plattheit herabsinkt; denn die Losung ist ja Aufklärung, vor welcher kein Dunkel bestehen darf.

Aus der vollendet individualistischen Richtung aber, welche der Geist genommen, quellen alle jene revolutionären Tendenzen, die in den verschiedenartigsten Formen auftretend, in dem allgemeinen Streben nach Humanität gipfeln. Das sich emancipirende Subject reißt alle hemmenden Schranken vor sich nieder, die seiner freien Entwicklung entgegenstehen, und entfaltet alle Kraft und Ausdauer in dem großartigen Proceß der Nivellirung (oder Desorganisation, wie ihn treffend ein neuerer Geschichtsschreiber der Philosophie benennt), welcher gegenüber aller positiven Religion, aller corporativen Gestaltung und jeglichem Autoritätswesen das individuelle Ich zur ausschließlichen Geltung bringt. Darum ist Krieg gegen alle Vorurtheile und selbstgeprüftes Urtheil das Feldgeschrei, und mit dieser kritischen Stellung gegen alle Antecedentien beginnt sich der Bruch mit der vorangegangenen (dogmatischen) Philosophie zu vollziehen, eine gewaltige Entwicklung derselben wird angebahnt, und alle Linien des gesammten geistigen Lebens deuten und führen auf diesen einen Punkt hinaus, auf die Vollendung, Klärung und wissenschaftliche Begründung des Standpunktes der Aufklärung in der Philosophie des transcendentalen Kriticismus.

Um dieses Gebäude zu errichten, bedurfte es aber eines Genius, der, in der besprochenen Atmosphäre erwachsen, die besten und gereiftesten Elemente daraus in sich aufnahm und verarbeitete und nun endlich den Weg ewiger Destruction verlassend, mit positiv schaffender Geistesthat hervorschritt; einen solchen indessen vermochte die in der Negation ihre Kräfte erschöpfende und nur vorbereitende Aufklärung aus sich selbst nicht zu erzeugen. Denn ihre gewaltigste Schranke war, daß sie im Grunde nur sich selbst und ihre Zeit begreifen konnte und es ihren Vertretern gänzlich an einer wirklich wissenschaftlichen, objectiv historischen Auffassung gebrach, welcher Mangel gerade bei den besten und hervorragenden Häuptern derselben sich fühlbar machte. Parallel lief das durch das Bestreben nach Klarheit und Gemeinverständlichkeit hervorgerufene Verschmähen wissenschaftlicher Form und das Verlassen einer abstracten Schulsprache, welche Entfernung von Systematik in dem Synkretismus der s. g. Philosophie für die Welt oder Popularphilosophie am Deutlichsten hervortritt und auf welche die moderne Wissenschaft mit großer Geringschätzung herabblickt, während jene durch diese Eigenthümlichkeit gleichwohl eine unermeßliche Bedeutung erlangte, indem sie vermöge dieser gefälligen, populären Diction einen weitaus größeren Wirkungskreis sich eroberte, als der war, dessen sich die Philosophie in ihren Blüthezeiten zu erfreuen hatte. Jedoch gewährt das „Point de systèmes" des Maupertuis nicht in gleicher Weise, wie das angeführte englische Wort, eine durchgreifende Charakteristik jener Zeit, und darf nur in eingeschränktem Maße von ihr prädicirt werden.

Die Verachtung, mit der man heutzutage das Jahrhundert der Verstandesphilosophie so leicht abzufertigen bereit ist, läßt sich, wenn man von dem berechtigten Gegensatze gegen alle die Einseitigkeiten und Schwächen derselben absieht, aus dem Fehlen einer unbefangenen, geschichtlichen Würdigung ihrer Verdienste und nach vielen Seiten hin auch aus partieller Unkunde und Nichtberücksichtigung erklären. Einer schnelllebenden und anspruchsvollen Zeit, die zu gern mit vollendeten Thatsachen operirt, müssen nach den errungenen grandiosen Resultaten der Wissenschaft die mannigfachen Keime und Ansätze, die vielfältigen historischen Vorstufen, auf denen diese sich zu ihrer Höhe erhoben hat, natürlich verborgen bleiben oder wenigstens einer eingehenden Behandlung unwürdig erscheinen. Daß diese Betrachtungsweise eine ungerechte ist, würde auch dann einleuchten, wenn das ihr zu Grunde liegende Selbstgefühl sich nicht mitunter als Selbstüberschätzung herausstellte.

Es wäre einer gründlichen Forschung nicht schwer,

eine Nachweisung davon zu geben, daß Ein und das Andere, dessen wir uns als einer neuen Errungenschaft rühmen, zum Theil aus- und zum Theil vorgebildet, schon bei den denkenden Männern, die jener verachteten Richtung angehören, zu finden sei, wenn schon in anderem Kleide. Wie steht es, um ein Beispiel anzuführen, mit Lessing, welchen man mit Unrecht zur neueren Zeit hat rechnen wollen, und der, wenngleich sie überragend, seinem innersten Wesen nach in jene Periode zu stellen ist, dennoch aber mit Stolz noch heute genannt wird? Und gerade Lessing hat unter seinen Zeitgenossen nicht so völlig allein gestanden, vielmehr Anregungen gegeben und empfangen. Noch deprimirender müßte es aber für diese selbstbewußte Anschauung sein, wenn sich bei den Geistern, welche dem modernen Bewußtsein Ziel und Richtung gegeben haben, wenn sich in der Philosophie des objectiven Idealismus Spuren und Anklänge auffinden ließen, welche direct und indirect an die längst überholte Verstandesphilosophie erinnern. Man übersieht und vergißt es eben, daß das Jahrhundert, welches zwischen Leibnitz und Kant in der Mitte liegt, eine Uebergangsperiode bildet, in welcher eine neue Aera des Geistes vorbereitet wird. Vor dem resultatfrohen Blicke der Gegenwart verschwindet alles Unfertige und Halbgewordene, und in mehrfacher Hinsicht kann jenes Säculum als ein unter Vorurtheilen und Antipathien verschüttetes und begrabenes bezeichnet werden. Es bedarf aber nur des rüstigen, unbeirrten Suchens, um den Schatz der reichlich in demselben hervorgesprossenen wahrhaften und allgemein gültigen Ideen zu heben.

Zunächst ist es ein einseitiger und falscher Gesichtspunkt, wenn man bei der Betrachtung dieses Zeitalters allein von Wolff und seiner Schule den Ausgang nimmt, und um ihn sich die ganze Entwicklung der Philosophie des gemeinen Bewußtseins gruppiren läßt. Es dürfte eins der ausgezeichnetsten Verdienste Kuno Fischers in seiner vortrefflichen Geschichte der neueren Philosophie sein, diesen Irrthum durchgehends in überzeugender Weise widerlegt zu haben. „Um die Größe", sagt er, „und das Genie dieser Uebergangsperiode zu ermessen, muß man nicht immer Wolff, die Wolffianer und Nicolai, sondern einen Leibnitz und einen Lessing zum Maßstabe nehmen, denn Leibnitz ist der echte Vater der teutschen Aufklärung gewesen, deren größter Nachkomme Lessing war. In Leibnitzens Charakter ist der Genius dieser vermittelnden Aufklärung personificirt. Eine Weltaufklärung begründet erst Leibnitz, der die neuere Philosophie universell macht, indem er die früheren Systeme mit den modernen, die Naturbegriffe mit den Moralbegriffen versöhnt und das Licht der Vernunft so geschickt verfeinert und ausbreitet, daß es die natürliche und die moralische Welt aufklärend durchdringt und Alles für Alle beleuchtet."

Wirklich beherrscht sein Geist im Großen und Ganzen das ihm nachfolgende Zeitalter, welches die Fülle des Stoffes, der sich in den Leibnitz'schen Schriften darbot, zu verarbeiten, aber auch zu ergänzen suchte. Es bedurfte der Reichthum der Gedanken, der zahlreich in seinen Werken zerstreuten glänzenden Aperçus, um fruchtbar zu werden, und eine größere

Tragweite zu erhalten, einer festgeschlossenen systematischen Gestaltung.

Dieses war der historische Beruf der Wolff'schen Philosophie, und wenn auch nicht geläugnet werden kann, daß dieselbe in vielen Punkten an die Genialität des Meisters nicht hinanreichte, ja in der Gestalt, wie es ihr Begründer versuchte, nicht einmal den vollen Umfang der Leibnitzischen Ideen darzustellen vermochte, so muß doch zugestanden werden, daß ihre Leistungen auch so jedenfalls in hohem Grade beachtenswerth sind. Aber was Wolff selbst nicht gab, das wurde von seinen Nachfolgern versucht, und sogar darüber hinaus, namentlich von der Popularphilosophie, die, wie vorhin bemerkt, einen eklektischen Charakter an sich trug, eine Ergänzung neben vollendeter äußerer Form erstrebt.

Und dieses Ziel ist in gewissem und zwar beträchtlichen Maße allerdings von ihr erreicht worden, mag man auch, wie geschieht, Leibnitz mit der Sonne vergleichen, an welcher die Aufklärung ihre zuweilen etwas matten Lichter und Lichtlein anzündete, mag auch das Bestreben, die dunklen Tiefen des Leibnitzischen Gedankenganges mit klarem Verstandeslichte zu erhellen, vielfach zu Veräußerlichung und Verflachung geführt haben, trotz allen Irrgängen, trotz des Unvermögens, dem hohen Fluge seines Geistes überall hin zu folgen, wird bei einer vorurtheilsfreien Betrachtung das eigenthümliche Verdienst jener Weiterbildung zu seinem Rechte kommen.

Nicht nur wurden die in der ursprünglichen Form zu einer wenig umfassenden Wirksamkeit gelangten Leibnitz'schen Anschauungen dadurch zu einem Gemeingut gemacht, sondern auch nach vielen Seiten hin erweitert und ausgebildet, indem an diesen Kern durch das Aufnehmen mannichfaltiger fremder Elemente neue Ansätze sich drängten und anschossen, welche als fruchtbringende Keime in einer späteren Entwicklung Wurzel schlugen.

Sodann kommt noch ein anderer Punkt in Betracht, welcher gegenüber einem bis zum Ueberdruß wiederholten Raisonnement hervorgehoben werden muß. Man ist nicht müde geworden, das moralisirende Element in der deutschen Aufklärung zu kritisiren und zu bespötteln, und es ist eine banale Behauptung, daß eben jene moralischen Tendenzen sich überall störend herbeidrängten und dieser einseitige und beschränkte Gesichtspunkt einen freien wissenschaftlichen Blick unmöglich mache.

Man braucht dies nicht so weit zuzugeben, um mit Hettner*) zu sagen, „die wissenschaftliche Schwäche der deutschen Aufklärungsphilosophen war ihre geschichtliche Stärke", wenn gleich in diesen Worten eine leicht in die Augen springende Wahrheit liegt.

Es ließe sich, wenn man die natürliche Moral als Höhe= und Zielpunkt der Weisheit des vorigen Jahrhunderts hinstellt, auch der philosophische Nachweis geben, warum und mit welchem Rechte sie diese Stelle einnähme, wenn man eben die natürliche Moral auffassen und begreifen würde als das naturgemäße Uebergangsstadium, durch welches die Philosophie den großen Schritt hindurch machen mußte

---

*) Literaturgeschichte des 18. Jahrhunderts, III. 2. S. 181.

von der rein naturalistischen Spinozas bis zu der rein moralistischen Kants, wenn man jene, nachdem man der Periode überhaupt eine vermittelnde Stellung vindicirt hat, als das verknüpfende Glied betrachtet, in welchem die großen Gegensätze des Dogmatismus und des Kriticismus versöhnt und vermittelt zusammenlaufen.

Und wieder ist es Kuno Fischer, der in dem genannten Werke diesen Gedanken durch eine gründliche Beweisführung zur Anerkennung gebracht hat. Gegen die Phrase, als sei der mehr naturalistische Geist der Engländer und Franzosen aufgeklärter und freier als der durch Moralisirsucht getrübte Deutsche, richtet er die Worte: „Man hat dabei einige platte Reflexionen im Auge, die man unkundiger Weise für sehr charakteristische Bekenntnisse unserer Aufklärung nimmt, und weiß wenig, was die natürliche Moral in jenem Zeitalter bedeutet, woher sie stammt und worauf sie gerichtet ist, daß sie begründet wird von einem Leibnitz und ausgeht auf einen Kant." Und weiterhin: „Wenn sich Natur- und Moralbegriffe nicht in der deutschen Aufklärung vereinigt hätten, so dürfte man dreist behaupten, daß es niemals die deutsche Aufklärung hätte sein können, woraus der Gründer der kritischen Philosophie hervorging."

Um nun aber zu einer wirklichen und umfassenden Würdigung zu gelangen, muß noch ein Hauptpunkt hervorgezogen werden, der in der Regel unbeachtet bleibt, oder wenigstens doch in einem andern Zusammenhange betrachtet wird. Es müssen nämlich die jene einseitige, beschränkte Entwicklung der Leibnitzischen Ideen ergänzenden Bildungsfactoren, mit anderen Worten gerade die besten und feinsten Elemente der Aufklärung selbst hinzugenommen werden, und es kann nicht fehlen, daß durch das neue hiermit gewonnene Licht, dieselbe in einen die gewöhnliche Auffassung weit übersteigenden Gesichtspunkt gerückt wird. Sahen wir, wie die ganze gerügte Engherzigkeit, Befangenheit und Stumpfheit der Wolffischen Philosophie aus dem Uebergreifen eines singulären geistigen Vermögens sich herleitete, so wird, wenn dasselbe in seine richtigen Grenzen zurückgeführt ist, und zu demselben, wo es nicht mehr ausreicht, an der richtigen Stelle ein anderes und höheres Moment hinzutritt, der bisher so grell empfundene Mangel verschwinden und eine fruchtbare und heilsame Weiterbildung und Entwicklung erfolgen.

Die große Schwäche und Schranke der Verstandesphilosophie lag, wie dies schon ihr Name ausdrückt, in dem Umstande, daß ihr einziges Organ, durch welches sie die Gegenstände des Erkennens percipirt, der nackte s. g. logische Verstand war, welchem da ein absolut unüberstiegbares Ziel gesetzt ist, wo das Walten des Genius in seinen mannichfachen Gebieten beginnt. Wie hoch deßhalb auch die zeitgemäße Wirksamkeit derselben angeschlagen werden muß, wenn es sich um Zerstreuung und Bekämpfung von eingeschlichenen und herrschenden Irrthümern, um Zerstörung der Vorurtheile des Wahns und Aberglaubens, und um Verbreitung von Licht und Wahrheit nach allen den Richtungen hin handelt, wo im Gegensatze gegen eine starre positive Gestaltung die Humanität ihre berechtigten Forderungen durchzusetzen und zu realisiren strebt, so nackt und kahl muß sich ihre Armuth, ihr Unvermögen darstellen, wenn sie die bezeichnete Grenzlinie überschreitend, auch diejenigen Objecte in ihren Bereich zieht, welche sich nach anderen als den logischen Gesetzen zur Wirklichkeit bringen, und deren Entwicklung durch jenes höhere aus der ureigenen Individualität entspringende Gesetz der Nothwendigkeit bedingt wird.

So steht der mit Schranken behaftete logische Verstand rath- und machtlos, irrend und verwirrend, vor allen den Bildungen, in welchen sich ein schöpferischer Genius bethätigt, und vermag weder das Wesen der die Natur treibenden und bewegenden Mächte zu ergründen, noch viel weniger auch in die geheimnißvollen Tiefen zu bringen, aus welchen die genialsten Productionen des Geistes in Religion und Kunst emporquellen und sich die Ursprünge und Motive der Geschichte der Menschheit begreifen lassen. Diesen Erscheinungen gegenüber, welche nicht mit dem bloßen Maßstabe der Logik und der natürlichen Moral gemessen werden können, zeigt sich die Aufklärung, da sie auch hier sich kritisch geltend machen will, in ihrer ganzen Dürftigkeit und Ohnmacht, so lange sie nämlich in ihrer Einseitigkeit verharrt, und gewährt das lächerliche und zugleich peinliche Schauspiel, welches sich da immer darbietet, wo zwerghafte Kleinheit sich an den großartigsten Problemen versucht, natürlich nur, um die geringen Kräfte in eitler Geschäftigkeit erfolglos zu verbrauchen.

So ist denn auch, um ein Feld, dessen sich die Polypragmosyne der Zeit ebenfalls bemächtigt hatte und auf das es uns hier allein ankommt, herauszugreifen, ihr ganzes Urtheil in dem Gebiete der Kunst ein so schaales, geist- und phantasieloses, so ganz des innerlichen Verständnisses entbehrendes, daß die praktischen Wirkungen, die sich temporär allerdings in ihrer Verderblichkeit bis zur Evidenz erwiesen haben, von der nachtheiligsten ja zerstörendsten Gewalt hätten sein müssen, wenn nicht gleichzeitig eine andre Strömung parallel gelaufen wäre, sie gekreuzt und ihren Einfluß paralysirt hätte.

Denn um den künstlerischen Geist und seine Schöpfungen zu begreifen, bedarf es eines homogenen Organes, welches würdig und fähig ist, den idealen Inhalt in sich aufzunehmen, es bedarf jener gleichgearteten Stimmung der Seele, welche uns in den Stand setzt, in die innerste und ursprünglichste Wesenheit des zu erkennenden Objectes uns hineinzudenken, es bedarf einer edlen Passivität, welche das beschränkte und eigenwillige Festhalten an dem persönlichen Ich und dessen Bewußtsein aufgebend, die fremde Individualität auf sich einwirken und sich von ihr durchdringen und erfüllen läßt, indem so, wo alle Ansprüche auf eigene Thätigkeit verschwinden, der eigene Geist nur zum Gefäß wird, in welches die Fülle eines anderen vollkommeneren Geistes einströmt, um jenen über sich selbst hinauszuheben und ihm eine Befriedigung zu gewähren, die er in dem eigenen Inneren in gleicher Weise nicht zu finden vermag. Zu dieser Selbstverläugnung und liebevollen Hingabe tritt aber sogleich und auf einer höheren Stufe wieder eine positive Action des Ichs; mit der Receptivität verbindet sich das Vermögen der Reproduction, die natürlich bei der Verschiedenheit der Anlagen unendlich viele Grade durchläuft; es tritt hinzu jenes instinctive Fühlen mit dem bildenden Genius, welches diesen, der die Seele zu einer gleichen Empfindung und Thätigkeit anregt, auf seinen dunklen Wegen begleitet, die leisen dem gewöhnlichen Blicke verborgenen Spuren desselben entdeckt, und so, wissend und zugleich nicht wissend, ahnend und schauend zu dem tiefen Geheimniß, gleichsam zu dem Herd des künstlerischen Schaffens hindurchdringt, und hiermit in ein Gebiet des Geistes gelangt, wo das Müssen und Wollen, sonst in immerwährendem Conflicte begriffen, sich zur Identität erhoben, die Gesetze der Nothwendigkeit und Freiheit sich zu einer höheren Einheit verschmolzen haben.

Der charakteristische Mangel aber einer ausschließlich subjectiven Denkweise ist es, fremde Wesenseigenthümlichkeit und deren Entwicklung nicht begreifen zu können, und es setzt die Fähigkeit der intuitiven Erkenntniß des Genies, das erwähnte sympathetische Ergriffenwerden und Ihmnachschaffen eine adäquate geniale Aber voraus.

Diese Congenialität — eine glücklich hierfür gefundene präcise Bezeichnung — welche der Verstandesphilosophie an sich, als dem ersten Stadium der Aufklärung, gebrach, mußte hinzukommen und sich in ihr geltend machen, um sie (die Aufklärung) auf einen freieren und vollkommeneren Standpunkt emporzuheben, und ihren Ideen, zugleich mit der Vertiefung und Veredlung, auch die Tragweite zu geben, welche sie seitdem gehabt haben.

Als solche congeniale Naturen erscheinen ihrem Zeitalter zwei Männer, deren Namen mit verdientem unsterblichen Ruhme bedeckt sind, W i n c k e l m a n n und

Lessing, welche beide, aus der Aufklärung geboren und in ihr fußend, diese in ihrer edelsten und verklärtesten Gestalt darstellen und mit siegender Gewalt eine neue Epoche des geistigen Lebens herbeiführen. Jetzt kommt der von Leibnitz für die Philosophie gewonnene Begriff der Form und des Formgefühles, welcher von seinen unmittelbaren Nachfolgern nicht verstanden werden konnte, wieder zur Geltung, und wird an dem classischen Alterthum, dessen Betrachtung eine der deutschen Aufklärung sehr nahe liegende Aufgabe war, gefunden und gereinigt; es wird die Aesthetik, deren Elemente, wie Kuno Fischer sehr gut nachweist, schon in dem Leibnitzischen Systeme vorliegen, und die in dem Wolffischen Zeitalter brach gelegen, als selbstständige Disciplin herausgestellt, und ihr die mannichfachste und heilsamste Pflege gewidmet.

In Winckelmann wird zum ersten Male wieder der Geist der antiken Kunst lebendig; und gesättigt und durchdrungen von der Anschauung der Schönheit, wie sie ihm aus den Monumenten der alten Plastik entgegenstrahlt, weist er mit der Gluth idealster Begeisterung auf diese unerreichbaren ewigen Muster von Hellas hin, scho... in seiner ersten Schrift „Ueber die Nachahmung der griechischen Werke in der Malerei und Bildhauerkunst" das Princip anticipirend, welches nach einer Fülle lebendiger Erfahrungen und Anschauungen, reiner, klarer und durchgeführter in seiner denkwürdigen Kunstgeschichte des Alterthums das leitende Motiv bildet.

Als der andere Heros jener Zeit steht Lessing da! Dieser in der wunderbarsten Weise jene näher bezeichnete congeniale Begabung mit eminentem Scharfsinn, mit durchdringender, schneidender Logik vereinigend, gleichsam in sich Verstand und Genie, die beiden Antipoden, versöhnend. Darum gab er das nie übertroffene Muster der Kritik, die immer eine positive war (gegenüber der blos negativen des logischen Verstandes) und, wie er selbst urtheilt, in seinem Geiste den Factor ausmachte, welcher dem Genie conform war. In Lessing daher sehen wir die volle Höhe der deutschen Aufklärung, und diese in Folge der erhaltenen veränderten Richtung sich in lebendigem Progresse Zielen zubewegen, deren großem Gesichtspunkt die retrograde Bewegung, welche die Entwicklung in der englisch-französischen Philosophie genommen, als vortheilhafte Folie dienen kann.

Der ganze Werth, welchen die Männer der Aufklärung für sich und ihre Leistungen in Anspruch nehmen können, bestimmt sich dem Gesagten zufolge allein darnach, inwieweit sie den wiedererwachenden höheren Geist begreifen und ihm rückhaltslos und unbedingt, im Bewußtsein der eigenen Schwäche und Unvollkommenheit, die tiefgreifendste Einwirkung gestatten.

Diesen Charakter der Unterwerfung unter das Genie, des Abstehens von der Geltendmachung des singulären persönlichen Ichs, einer Gewinn suchenden und bringenden Unselbstständigkeit, trägt in ihrer außerordentlichen Perceptivität für die Ideen der verschiedensten Richtungen, in ihrem unverdrossenen, selbstlosen Sammelfleiße, allerdings auch nur bei ihren besten Vertretern, diejenige Phase der deutschen Aufklärung, welche man durch die Bezeichnung der Popularphilosophie von der einen Seite zu ehren, von der andern zu verurtheilen bemüht ist. Freilich finden sich auch in dieser höheren Bildungsstufe noch viele Anklänge an die alte zu überwindende Einseitigkeit, noch nach vielen Seiten des Lebens hin zeigt sich der dumpfe beschränkte Blick der früheren Periode, aber ebenso klar tritt die günstige segensreiche Veränderung heraus: ein neues Ferment ist in die geistige Entwicklung hineingeworfen, es entfaltet sich eine großartige Rührigkeit und Beweglichkeit auf allen Gebieten, neue weitblickende Ideen keimen und sprießen hervor, das Alte erscheint der weiterbildenden Generation unzulänglich und ungenügend, die Geister ringen nach einer neuen Gestaltung. Daß aber das Zeitalter diesen Abschluß nicht selbst aus sich hat finden können, daraus wird die auf seinen Schultern stehende jetzige Wissenschaft ihm keinen Vorwurf machen dürfen, sondern es in der Natur der ihm anhaftenden Schranken begründet finden, wenn dasselbe nur eine vorbereitende, anbahnende Mission zu erfüllen hatte und den Standpunkt einer Uebergangsperiode nicht verlassen und überholen konnte.

Auf Niemanden nun finden diese allgemeinen einleitenden Bemerkungen in einem höheren Grade Anwendung, als auf Moses Mendelssohn, in welchem uns die edelste und bedeutendste Persönlichkeit der Popularphilosophie entgegentritt, und keiner von ihren Vertretern ist in gleichem Maße würdig, der unverdienten Geringschätzung, mit welcher von vornherein jenes Zeitalter betrachtet wird, entrissen zu werden.

Sein Name knüpft sich unzertrennlich an den Lessings an, und gerade diese Verbrüderung mit dem Reformator der Literatur scheint die Ursache davon zu sein, daß er nicht so gar der Vergessenheit anheimgefallen ist, indem er jenem überlegenen Geiste als eine willkommene kleine Größe beigesellt wird, die nur dazu dienen soll, die imponirende Erscheinung Lessings um so mächtiger hervorzuheben. Indessen ist seine Unbekanntheit immer außerordentlich groß, und vor Allem ist über seine Leistungen auf dem Gebiete der Wissenschaft die Ansicht am meisten verbreitet, daß er im Grunde doch gar nichts Bedeutendes producirt habe.

Hauptsächlich figurirt noch im Gedächtnisse der Nachwelt sein Phädon, der zwar allerdings als sehr charakteristisch für die Mendelssohn'sche Denkweise nach einer Seite hin gelten kann, im Uebrigen aber mehreren seiner anderen Schriften an wissenschaftlichem Gehalte weitaus nachsteht, da es nunmehr feststeht, daß eine so vereinzelte Untersuchung, wie die über die Unsterblichkeit der Seele, in ihrer Allgemeinheit kaum eine philosophische zu nennen ist, und er in dieser Nachbildung des Platonischen Dialogs gerade das wirklich Speculative, weil nicht im Stande es zu begreifen, daraus ausgemerzt und in Wolff'scher Manier verflüchtigt und abgeplattet hat. Demgemäß bestimmt sich natürlich auch das Urtheil über Mendelssohn überhaupt, welches nach diesem einseitigen Maßstabe freilich nicht zu seinen Gunsten ausfallen kann, während doch, wie eben bemerkt, Alles dasjenige, welches dieser zweiten Phase der Aufklärung vindicirt wurde, im besten Sinne für Mendelssohn geltend gemacht werden muß, indem gerade seine Persönlichkeit die feinste Signatur der damaligen Zeit abgibt und die dieser zugeschriebenen allgemeinen Züge seinem innersten Wesen entnommen wurden.

Hier, im Phädon, um zuerst bei den Schatten=
seiten zu verweilen, kommt der unhistorische Sinn
zu Tage, welcher die dämonische Individualität des
antiken Philosophen auch nicht im Entferntesten zu
erfassen vermag, und dem die dessen Leben und Denken
beherrschenden Motive gänzlich verschlossen bleiben,
wie denn die vorausgeschickte Abhandlung über Leben
und Charakter des Sokrates ein Muster von Tri=
vialität und Plattheit ist und ihn völlig in den
Fesseln Wolff'scher Denkart verstrickt zeigt.

Der die ganze Periode durchziehende Subjectivis=
mus tritt bei ihm besonders klar heraus in dem
Umstande, daß er es gar nicht begreifen wollte, daß
Lessing die „Erziehung des Menschengeschlechts" ver=
faßt habe. Die Gattung ist ihm ein unbewegliches
Abstractum und deren Entwicklung eine unsinnige
Vorstellung. „Ich für mein Theil", schreibt er,*)
„habe keinen Begriff von der Erziehung des Menschen=
geschlechts, die sich mein verewigter Freund Lessing von,
ich weiß nicht, welchem Geschichtsforscher der Mensch=
heit hat einbilden lassen. Der Fortgang ist für den
einzelnen Menschen."

Wenn diese und andere Mängel auch im Ver=
laufe seiner philosophischen Thätigkeit hervortreten,
wenn nicht geleugnet werden kann, daß diejenige
Eigenthümlichkeit, vermöge deren er nach unserer

---

*) Im Jerusalem oder „über religiöse Macht und Judentum".
Gesammelte Schriften III., 317.

Auffassung die glücklichsten Resultate erreichen konnte, auch öfters sich in Unentschiedenheit, in ein vages Schwanken verkehrt, so ist er doch auf's Bestimmteste gegen den herben Tadel in Schutz zu nehmen, mit welchem ihn Gervinus in seiner Literaturgeschichte überschüttet. In dem dort durchgeführten Pragmatismus mag sich eine derartige Auffassung sehr gut einfügen lassen, während sie vor einer eingehenden Betrachtung sich als übereilt und von Vorurtheilen befangen erweist.

Gervinus stellt ihn an die Spitze der Fragmentisten und Philosophieverächter jener Zeit, indem er die von Goethe an Mendelssohn hervorgehobene Autodidaxis in dem Sinne einer gänzlichen Entfernung von der Schulphilosophie ausbeutet*) und sagt (Geschichte der deutschen Dichtung IV. S. 217—18): „Es ist wohl begreiflich, daß gerade ein solcher Mann von strenger Philosophie ablenkt, dessen Schriften sämmtlich theoretisch den geringsten Werth haben. Er dilettirte, was jeder Autodidakt und Fragmentist gemeinhin thut, nur daß es ihm wie seinem Freunde Abbt Ernst war um Alles was sie trieben, nur daß ihr Dilettantismus eine Art Absicht und Bewußtsein in sich schloß."

---

*) Die Ungerechtigkeit dieses Vorwurfs erhellt, wie aus vielen anderen Aussprüchen, besonders aus dem 20. Literaturbriefe, dessen bekanntester passus lautet: Man trägt sich heutigen Tages mit der Grille, alle Wissenschaften leicht und ad captum, wie man es zu nennen beliebt, vorzutragen u. s. w. Mich dünkt aber, es sei nichts so schädlich als eben dieser königliche Weg zu den Wissenschaften, den man hat finden wollen.

Es ist nicht unsere Aufgabe, diese Kritik bezüglich des vollen Umfangs der Mendelssohn'schen Philosophie zu entkräften; hierfür muß es genügen, auf die scharfsinnige Widerlegung hinzuweisen, welche sie von Seiten Danzels gefunden hat.*) Dieser frühgestorbene und hochverdiente Gelehrte, welcher in seinem, von Guhrauer vollendeten Buche über Lessing das Muster einer sorgfältigen und umfassenden Biographie gab, liefert hierin und in einer speciellen Recension den treffenden Nachweis, daß Mendelssohn in Folge einer freieren Bewegung innerhalb der Schranken der Schule, (Wolffs und Baumgartens) von welcher er seinen Ausgang nimmt, und durch Hinzuziehung der außerhalb dieser liegenden Elemente, namentlich durch seine Berücksichtigung der englischen Philosophie, für das historische Verständniß Kants von größter Bedeutung ist. Die von ihm angeführten Citate sind schon ohne weitere Interpretation zur Genüge geeignet, jene Behauptung von Gervinus unhaltbar zu machen, und die von Danzel ausgesprochene Vermuthung, daß es diesem ferne gelegen habe, die eigentlich philosophischen Schriften Mendelssohns zu lesen, ist wohl keine bloße Revanche für den mißfälligen Seitenblick, welchen Gervinus (IV. S. 44 und 63) auf Danzels Darstellung in dessen Werke über Gottsched wirft.

Nur in einem Punkte, nämlich bezüglich der ästhetischen Thätigkeit Mendelssohns, möchten wir es

---

*) Danzel gesammelte Aufsätze S. 88 ff. und Lessings Leben I., 348 ff.

versuchen, der Geringschätzung zu begegnen, mit welcher nicht nur Gervinus, sondern mit und nach ihm auch viele Andere die Verdienste dieses Mannes bei Seite schieben. Daß die dieses Thema behandelnden Schriften doch nicht so ganz werthlos sind, — und die müßte doch, bei der nahen Berührung, in der in damaliger Zeit Aesthetik und Literatur standen, der Literarhistoriker näher berücksichtigt haben — dürfte schon aus dem Umstande hervorgehen, daß die Männer, welche dieser so jungen Wissenschaft den folgenreichsten Aufschwung gaben, daß ein Lessing, Herder*) und Schiller sie bei ihren Forschungen eifrig und mit Gewinn benutzten, und daß der Reformator der Aesthetik, Kant, ohne Zweifel aus ihnen Vieles geschöpft hat. Aber es ist wahr, was der Biograph Mendelssohns**) Danzel nachredet, unsere schulgebildeten Philosophen und Kunstrichter wenden sich mit schnöder Wegwerfung von ihnen ab, und zumeist wohl deßhalb, weil sie nicht begreifen, wie ein unter Druck und Armuth aufgewachsener Jude gar ein so lebhaftes, fruchtbringendes Interesse für Aesthetik und ästhetische Kritik hatte entwickeln können.

In der That nun liegen auf diesem Gebiete nahezu seine werthvollsten Leistungen, die nicht nur für jene Zeit, in Folge der Wechselwirkung zwischen ihm und Lessing einen tiefgehenden Einfluß auf die ganze

---

*) Vergl. das vierte kritische Wäldchen in Herders Lebensbild I., 3, 2 S. 442 ff. und über Schiller, dessen kunstphilosophische Abhandlungen.
**) Kayserling, Moses Mendelssohn, sein Leben und seine Werke S. 89.

Literaturrichtung ausgeübt haben, sondern zu denen man auch in der Gegenwart noch, wo die Literatur der Aesthetik beträchtlich angeschwollen ist, mit dem größten Nutzen zurückgreifen kann. Von dem Geschichtsschreiber dieser Wissenschaft vollends muß bestimmt erwartet werden, daß bei ihm, nachdem die mancherlei hier obwaltenden Vorurtheile abgeschüttelt sind und einer freien unbefangenen Betrachtung Platz gemacht haben, ein so wichtiges Mittel- und Verbindungsglied, ohne welches die Weiterbildung unverständlich bleibt, zu seinem vollsten Rechte kommt.

In keinem Zweige nämlich bewährte sich der eben in seiner tiefen und wahren Bedeutung gekennzeichnete Einfluß Lessings in dem Maße, als gerade in der Aesthetik, und die Empfänglichkeit und Nachgiebigkeit Mendelssohns gegenüber jenem congenialen Element war so vorzüglich und so glücklich mit eigener Productivität verbunden, daß er nun nicht bloß in der Rolle des Empfangenden und Angeregtwerdenden verharrt, sondern auch, wie wir sehen werden, schöpferisch weiterbildend im Stande ist, die nachhaltigste Rückwirkung auf Lessing selbst auszuüben.

Um im Allgemeinen den Standpunkt, den er als Aesthetiker einnimmt, im Voraus festzustellen, so muß als solcher ein Eklekticismus im weitesten und besten Sinne bezeichnet werden. Er ist allerdings durchgehends ein abhängiger und sich anschließender Denker, aber den Mangel einer durchgebildeten Selbstständigkeit ersetzt die feinfühlende Perceptivität, mit der er überall die guten Elemente zu erkennen und sich anzueignen weiß, und jene ästhetische Begabung, ver-

möge deren er diese lockeren Glieder zu einem abge=
rundeten, organischen Ganzen verbindet. Eben das
tiefe Bewußtsein der eigenen Schranken, welches ja
überhaupt als ein Merkmal sokratischer Lebensweis=
heit gilt, macht ihn fähig, sich den Einwirkungen
eines höheren Geistes hinzugeben und läßt ihn der
Gefahr entgehen, sich eigensinnig in den starr und blind
festgehaltenen persönlichen Standpunkt zu verrennen.

Sehr vortheilhaft läßt ihn nach dieser Seite die
Vergleichung mit Nicolai heraustreten, welcher
bekanntlich als classisches Beispiel des platten und
trivialen Verstandes aufgeführt wird, indem dieser,
unzweifelhaft ein entschiedener Charakter, den einmal
als richtig erkannten Maßstab dictatorisch an alle,
auch die ihm fremden, Erscheinungen anlegt, und so,
rücksichtslos mit Allem, was ihm unbegreiflich ist,
anbindend, zuletzt in den kläglichen Gegensatz gegen
das Genie hineingeräth, welches Beginnen, seine
übrigen unleugbaren Verdienste beschattend, seit
der berühmten Fichte'schen Schmähschrift den
Spott und die Verurtheilung der Neuzeit heraus=
gefordert hat.

Von Baumgarten formell, aber in der Sache
von Leibnitz ausgehend, strebt Mendelssohn, hierüber
hinausgreifend, die Engländer, welche ja auch Kant
sich zum sorgfältigen Studium machte und an die er
vielfach anknüpft, mit dem ihm geläufigen System
zu vermitteln und dieses durch sie zu erweitern, und
legt seine ästhetischen Anschauungen hauptsächlich in
drei Schriften (vier, wenn man die Rhapsodie
oder die Zusätze zu den Briefen über die Empfin=
dungen besonders nimmt) nieder, deren Principien

er in einer ganzen Reihe einzelner Recensionen und Aufsätze zur Anwendung bringt. Diese letzteren nun zeugen, obwohl auf dem praktischen Gebiete keineswegs Mendelssohns Stärke liegt und hier oft, wie das der Zeit nahe lag, die ästhetischen und moralischen Elemente vermengt werden, durchgängig von einer sehr gesunden Auffassung und oft auch von einem feinsinnigen und lebendigen Kunstgefühl,*) können aber, da sie ja eben nur die Ausführungen jener allgemeinen Principien sind und nichts Neues bieten, hier nicht näher in's Auge gefaßt werden.

Da nun Mendelssohn seine Ansichten nicht in Form eines Systems entwickelt hat, indem immer die jeweilig eintretenden Anregungen seinen eigenen bildungsfähigen Standpunkt erweitern und höher rücken, so wird eine Analyse seiner vorzüglichsten ästhetischen Abhandlungen die beste Methode sein, nach welcher wir von den Anfängen progressiv bis zur Höhe seiner Kunstphilosophie gelangen. Diese drei Hauptschriften aber, die „Briefe über die Empfindungen" mit der späteren „Rhapsodie", die Abhandlung „über die Hauptgrundsätze der schönen Künste und Wissenschaften" und die „über das Erhabene und Naive", denen sich bei ihrem Erscheinen die allseitige Bewunderung zuwandte, zeigen uns die Spitze und Blüthe der Populärästhetik.

---

*) Besonders trefflich sind die Recensionen über Pope, Sulzer, Geßner, Meier, Wieland, Friedrich II., Rousseau u. m. a., namentlich die über die Gedichte der Karschin und Klopstock's Tod Adams.

Die Briefe über die Empfindungen, der früheste Versuch, welchen Mendelssohn zur Förderung und zum Ausbau der Wissenschaft machte, als deren Begründer Baumgarten*) gilt, erschienen im September 1755, etwa ein halb Jahr nach den „Philosophischen Gesprächen" und wurden gleichfalls von Lessing publicirt. „Folgende (Unterredungen)" heißt es in dem Vorberichte des Herausgebers (Mendelssohns ges. Schr. I, 110), „die sie (die Freunde) über die Natur des Vergnügens gewechselt haben, sind mir durch einen Zufall in die Hände gerathen, und ich konnte mich nicht enthalten, die kleine Verrätherei zu begehen, sie der Welt bekannt zu machen."

Der Recensent der Gespräche in den Göttingischen gelehrten Anzeigen, Professor Michaelis, welchem sie von Mendelssohn in seinem und in Lessings Namen zugeschickt waren, beurtheilte sie sehr günstig,

---

*) Alexander Baumgarten, Meditationes philosophicæ de nonnullis ad poëma pertinentibus. Halle 1735; Die in seinem Geiste und auf Grundlage seiner Vorlesungen geschriebenen „Anfangsgründe aller schönen Wissenschaften in drei Theilen" von Georg Friedrich Meier, Prof. der Philos. in Halle. 1748—50. Vor Allem Baumgarten: Aesthetica 1750. Aestheticorum pars altera. 1758.

und es ist charakteristisch, daß er nicht Mendelssohn, sondern Lessing, welcher damals schon durch seine ungewöhnliche kritische Begabung Aufsehen erregt hatte, die Autorschaft vindicirte. Kurz darauf jedoch, von Lessing unterrichtet, welcher glaubte, man werde es ihm als eine plagiarische Eitelkeit auslegen, wenn er diese Vermuthung nicht von sich ablehnte, berichtigte er diese Angabe (Oct. 1755. Gött. gel. Anz. S. 1107) und erklärte die Briefe, von denen er nicht gewußt hätte, „aus was vor einer unerwarteten Feder eine so wohl gerathene Schrift geflossen wäre", für ein Product, das einen sehr nachdenkenden und philosophischen Verstand, dabei aber einen Schüler Leibnitzens und Wolffs entdeckte, einen von den Schülern Wolffs, „der besser ist, als die Meisten, so er erlebt hat."

Uebersetzungen trugen zur Verbreitung derselben außerordentlich bei, und sein Freund Abbt gab sie französisch heraus unter dem Titel: Recherches sur les Sentiments etc. Genève et Berlin 1764 (Schr. V, 277). Von Lessing, dessen Kritik nie durch irgend welche Voreingenommenheit beeinflußt wurde, und der selbst im Laokoon an sie anknüpfte, wurden sie sehr vortheilhaft besprochen in der Berlinischen Zeitung vom 4. Sept. 1755.*)

---

*) Lessing's Werke (Lachmann's Ausgabe) V, 61—63. Nach einigen die anmuthige Form und Einkleidung derselben anlangenden Bemerkungen, fährt er fort, das Werk bestehe aus Briefen, „in welchen überall der einmal angenommene Charakter des Schreibenden behauptet und die ganze Materie so kunstvoll vertheilt worden, daß man sehr unaufmerksam sein müßte, wenn sich nicht am Ende, ohne das Trockne der Methode empfunden

In diesen Briefen nun erscheint Mendelssohn noch am meisten als Schüler Wolffs und hier speciell Baumgartens, über deren Standpunkt er sich in der Folge durch den schon angedeuteten Einfluß Lessings erhebt, wiewohl wir sehen werden, wie er auch hier schon neue Elemente hineinbringt und sich einmal sogar in einen principiellen Gegensatz zu Baumgarten stellt. Jedenfalls aber ist es eine falsche und einseitige Betrachtungsweise, wenn man, wie in der Regel geschieht, die ganze ästhetische Anschauung Mendelssohns allein in diesen Briefen ausgesprochen findet. Dieselben, wenn ihnen auch eine große geschichtliche Bedeutung zukommt, stellen vielmehr nur den Ausgangspunkt, die ersten vielversprechenden Anfänge dar, und wollen und sollen keinen Abschluß bezeichnen.

---

zu haben, ein ganzes System in dem Kopfe zusammen finden sollte. Ein System der Empfindungen aber wird denjenigen gewiß eine sehr angenehme Neuigkeit sein, welchen es nicht ganz unbekannt ist, wie finster und leer es in diesem Felde der Phychologie, der Bemühungen einiger neuer Schriftsteller ohngeachtet, noch bisher gewesen. Man hat es ohngefähr gewußt, daß alle angenehmen und unangenehmen Empfindungen aus dunklen Begriffen entstehen, aber warum sie nur aus diesen entstehen, davon hat man nirgends den Grund angegeben. Wolff selbst weiß weiter nichts zu sagen, als dieses: Weil sie keine deutlichen Begriffe voraussetzen. Man hat es ohngefähr gewußt, daß sich alles Vergnügen auf die Vorstellung einer Vollkommenheit gründe, man hat es ohngefähr gewußt, daß Vollkommenheit die Uebereinstimmung des Mannichfaltigen sei, allein man hat diese Uebereinstimmung mit der Einheit im Mannichfaltigen verwechselt, man hat Schönheit und Vollkommenheit vermengt, und die Leichtigkeit womit wir uns das Mannichfaltige in jenem vorstellen, auch bis auf die sinnlichen Lüste ausdehnen wollen. Alles dieses aber setzt unser Verfasser auf das Deutlichste auseinander u. s. w."

Von einer näheren Betrachtung der Kunst als solcher absehend, versucht er das Wesen der Empfindungen des Schönen zu zergliedern und aufzuschließen, mit dieser ausschließlich psychologischen Fassung jene subjective Aesthetik ausbildend, welche ihre classische Vollendung durch Kant bekommen hat. Der Gegenstand der Mendelssohn'schen Philosophie ist hier (ganz im Anschlusse an die derzeitige Denkweise) das menschliche Subject, ein Wesen, in welchem sich zu gleicher Zeit verworrene und deutliche Vorstellungen, niedere und höhere Erkenntnisse finden.

Um nun näher auf den Inhalt einzugehen, so wird von ihm die Baumgarten'sche Definition der Schönheit als der **sinnlichen Erkenntniß der Vollkommenheit** adoptirt.*)

Die Einleitung bilden die beiden ersten Briefe, in welchen der Jüngling Euphranor, von einer psychologischen Beobachtung ausgehend, sich gegen eine allzusorgfältige Zergliederung der Schönheit, welche nur verworren empfunden werde, erklärt. Die Vernunft würde Störerin des Vergnügens, wenn sie der Entstehung desselben nachgrüble. Unsre Glückseligkeit hänge vom Genusse ab, der Genuß von der schnellen Empfindung, mit der jede Schönheit unsre Sinne überrascht. Die Lust verschwindet, wenn wir unsre

---

*) Baumgarten: Sciographia Encyclopædiæ philosophicæ, § 25: „Quia omnis cognitio vel sensitiva est vel intellectualis, erit scientia cognitionis I. sensitivæ II. intellectualis. Prior est Aesthetica." Aesthetica, § 14: „Aesthetices finis est perfectio cognitionis sensitivæ qua talis. Hæc autem est pulcritudo."

Empfindung zu sehr aufklären wollen, da der harmonische Gesammteindruck bei der Analyse sich in einzelne trockene Bilder auflöst. Das Gefühl verwandelt sich in einen logischen Schluß. Wir würden unglücklich sein, wenn sich alle unsre Empfindungen auf einmal zu reinen und deutlichen Vorstellungen aufheiterten.

Die Schönheit beruht in der undeutlichen Vorstellung einer Vollkommenheit. Lust und Freude werden in dem Körper von einer süßen Wallung des Gebläts und von verschiedenen angenehmen Bewegungen in den Gliedern begleitet, ohne die sie uns fast gleichgültig sein würden. Diese holde Bewegung ist eine Tochter des Affects und der Affect ist nothwendig mit einer unentwickelten Vorstellung verknüpft. So untrennbar ist die dunkle Vorstellung von unserer Glückseligkeit. Wir fühlen nicht mehr, sobald wir denken. Der Affect verschwindet, sobald die Begriffe aufgeklärt werden.

Dieser jugendlich einseitigen Auffassung gegenüber entwickelt der gereistere Theokles, welcher der Mund Mendelssohns ist, sein System und gibt den Beweis, daß Klarheit der Vorstellung das Vergnügen befördere. Wir begreifen nicht, daß der Geschichtsschreiber der Aesthetik, Zimmermann, dies verkannt hat, und jenen Satz des Euphranor, „daß wir unglücklich sein würden, „wenn sich alle unsre Empfindungen auf einmal aufheiterten", als eine Consequenz hinstellt, welche Mendelssohn selbst aus der allgemeinen Baumgarten'schen Grundbestimmung ziehe.*)

---

*) Robert Zimmermann. Geschichte d. Aesthetik, S. 181.

Theokles sagt ja (Mendelssohn I, 115), er sei im Stande, die Gründe des Anderen mit kaltem Blute zu widerlegen und Euphranor muß ihm hernach zustimmen, woraus jedenfalls sich ergibt, daß wenigstens diese Folgerung nicht auf Kosten Mendelssohns zu schreiben ist, wäre es auch nicht evident, daß Theokles seinen vollen und wahren Standpunkt verträte.

Allerdings nun, spricht dieser, kein deutlicher, auch kein völlig dunkler Begriff verträgt sich mit dem Gefühle der Schönheit; jener, weil unsre beschränkte Seele keine Mannichfaltigkeit auf einmal deutlich zu fassen vermag; dieser, weil die Mannichfaltigkeit des Gegenstandes in seine Dunkelheit gleichsam verhüllt und der Wahrnehmung entzogen wird.

Zwischen den Grenzen der Klarheit müssen alle Begriffe der Schönheit eingeschlossen sein, wenn wir ohne mühsames Ueberdenken eine Mannichfaltigkeit wahrnehmen sollen. Je ausgebreitet klarer die Vorstellung des schönen Gegenstandes, desto lebendiger ist das Vergnügen. Man muß hierbei von den Theilen zum Ganzen sich emporschwingen. Die besonderen deutlichen Begriffe weichen gleichsam wie in Schatten zurück. Sie wirken alle auf uns, aber sie wirken in einem solchen Ebenmaße und Verhältnisse gegen einander, daß nur das Ganze aus ihnen hervorstrahlt.

Mit Recht eignet Aristoteles einer jeden Schönheit bestimmte Grenzen der Größe zu. Das unermeßliche All ist für uns kein sichtbar schöner Gegenstand. Zwar hat das Unermeßliche seinen eigenen Reiz, aber schön eigentlich ist der Kosmos nur, wenn die Einbildungskraft seine Theile zu einem Ebenmaß ordnet: Die Größe, die für die

Sinne unermeßlich ist, verjüngt sich in der Einbildungskraft und tritt in die Schranken der Schönheit zurück. Die Einbildungskraft kann den kleinsten und größten Gegenstand zwischen die gehörigen Grenzen einschränken, indem sie die Theile so lange erweitert oder zusammenzieht, bis wir die erforderliche Mannichfaltigkeit auf einmal fassen können.*)

Dem Philosophen also gewährt die Betrachtung des Kosmos eine unversiegliche Quelle des Vergnügens, aber er muß seine Construction und die einzelnen Theile erst begrifflich durchdrungen haben. Das hohe Vergnügen erwächst dabei eben aus der deutlichen Wahrnehmung aller Theile, die hier vor der Empfindung des Ganzen vorhergegangen ist. Doch dies Ueberdenken ist bloß eine vorbereitende Thätigkeit; im Augenblicke des Genusses muß kein besonderer Begriff deutlich bleiben wollen. Durch das Anschauen des Ganzen werden die Theile ihre hellen Farben verlieren, aber Spuren nachlassen, die das Ganze aufklären und das Vergnügen lebendiger machen.

Die Regeln nun sind Vorbereitungen, wodurch der Dichter sich und seinen zu bearbeitenden Gegenstand in die Verfassung setzen soll, die Schönheiten in ihrem vortheilhaftesten Lichte zu zeigen, aber sie sollen ihn nicht in dem Feuer der Ausarbeitung stören und die Einbildungskraft nicht beklemmen, sondern ihr nur von ferne den Weg zeigen, und nachrufen, wenn sie in Gefahr ist, sich zu verlieren.

---

*) Hier wird auch die wichtige Bedeutung dieser Bemerkung für den dramatischen Dichter betont.

Aber nicht nothwendig müssen die angenehmen Empfindungen aus dunklen Begriffen entstehen, sonst wäre der aufgeklärte höhere Geist ärmer an Freude als der niedere, und Wesen von höherer Art würden zu bitteren Klagen gegen die Vorsehung berechtigt sein, weil ihnen vermöge der Deutlichkeit ihrer Vorstellungen Quellen des Vergnügens verschlossen wären, mit welchen die unteren Wesen reichlich versehen sind. Das dunkle Gefühl an sich ist nicht die Mutter der fröhlichen Empfindungen, nur unsre Schwachheit macht die dunkle Empfindung zu einem nothwendigen Gefährten der Fröhlichkeit, weil in der menschlichen Seele Deutlichkeit und Reichthum der Begriffe neben einander nicht Raum genug finden.

Es ist daher nicht das dunkle Gefühl als solches Ursache der angenehmen Seelenerregung, vielmehr sind die Wesen, welche eine größere Mannichfaltigkeit deutlich fassen können, um so glücklicher, weil eben die Gegenstände mit desto mächtigerem Reize auf sie einwirken können. Die reine Seelenluft als eine Bestimmtheit des Geistes und abgesondert von ihrer sinnlichen Begleiterin muß in den positiven Kräften der Seele und nicht in ihrem Unvermögen, nicht in der Einschränkung dieser ursprünglichen Kräfte gegründet sein; ja die Neigung zur Vollkommenheit eignet allen denkenden Wesen ursprünglich*) und zuoberst kommt sie Gott zu.

---

*) Von diesem Fortstreben zur Vollkommenheit spricht auch Sokrates im Phädon (M's. ges. Schriften II, 175.): „Die Empfindung der Schönheit sucht das Unendliche; das Erhabene reizt uns blos durch das Unergründliche, das ihm anhängig;

Nun vollzieht Mendelssohn im fünften Briefe die Grenzscheidung zwischen Schönheit und Vollkommenheit, welche Baumgarten confundirt hatte, ein Umstand, welcher ihm nicht hoch genug angerechnet werden kann, und der ihn weit über den Gesichtspunkt der Populäräſthetik heben würde, wenn er es verstanden hätte, dieſe Trennung vollſtändig durchzuführen und feſtzuhalten. Aber leider zeigt er sich hier befangen und beherrscht von der Denkweise seiner Schule und wir kommen auch durch dieſe wichtige Entdeckung um keinen Schritt weiter, weil mit der Art, wie er ſie begründet, die Schönheit ſelbſt verloren geht. Die Schönheit besteht in der gefälligen äußeren Verknüpfung in der Form, die Vollkommenheit in dem vernünftigen inneren Zusammenhange und der Geſetzmäßigkeit (Zweckmäßigkeit). Die Gleichheit, die Einheit im Mannichfaltigen ist ein Eigenthum der schönen Gegenstände. Sie müſſen eine Ordnung oder ſonſt eine Vollkommenheit darbieten, die, und zwar ohne Mühe, in die Sinne fällt. Die

wo wir Schranken ſehen, die nicht zu überſteigen sind, da fühlt sich unsre Einbildungskraft wie in Feſſeln geſchmiedet und die Himmel ſelbſt ſcheinen unſer Daſein in gar zu enge Schranken einzuſchließen; daher wir unſrer Einbildungskraft so gern den freien Lauf laſſen und die Grenzen des Raums in's Unendliche hinausſetzen. Dies endloſe Beſtreben, das ſein Ziel immer weiter hinausſtreckt, ist dem Weſen, den Eigenſchaften und der Beſtimmung der Geiſter angemeſſen und die wundervollen Werke des Unendlichen enthalten Stoff und Nahrung genug, dieſes Beſtreben in Ewigkeit zu unterhalten: je mehr wir in ihre Geheimniſſe eindringen, deſto weitere Ausſichten thun ſich unſren gierigen Blicken auf; je mehr wir ergründen, deſto mehr finden wir zu forschen, je mehr wir genießen, deſto unerſchöpflicher iſt die Quelle."

Sinne sollen begeistert sein, und von ihnen soll sich die Lust auf die müßige Vernunft ausbreiten. Daraus folgt, daß das Vergnügen an der (sinnlichen Schönheit) Einheit im Mannichfaltigen bloß unsrem Unvermögen zuzuschreiben ist. Wir ermüden, wenn unsere Sinne eine allzu verwickelte Ordnung auseinandersetzen sollen. „Wesen, die mit schärferen Sinnen begabt sind, müssen in unsren Schönheiten ein ekelhaftes Einerlei finden, und was uns ermüdet, kann ihnen Lust gewähren. Daher kann vor dem Schöpfer die Schönheit nicht bestehen, sie wird nicht einmal der Häßlichkeit vorgezogen: Gott muß die Einheit im Mannichfaltigen durchaus verwerfen; nur die äußere Gestalt der Dinge ist von ihm mit sinnlicher Schönheit bedeckt."*)

*) Diese Geringschätzung der Form, worin ja das Wesen der Schönheit richtig gesucht wird, spricht sich besonders in der folgenden oft ausgezogenen Stelle aus, welche, für sich allein betrachtet, es zweifelhaft machen müßte, ob ihr Verfasser überhaupt im Stande sei, sich mit Aesthetik zu befassen. „Die Schönheit der menschlichen Bildung, die annehmlichen Farben, die gewundenen Züge, die in seinen Mienen bezaubern, sind nur der äußeren Schale eingeprägt. Sie gehen nicht weiter, als unsre Sinne reichen. Unter der Haut liegen gräßliche Gestalten verborgen. Alle Gefäße sind ohne scheinbare Ordnung in einander verschlungen; die Eingeweide halten einander das Gleichgewicht, aber kein Ebenmaß, keine sinnlichen Verhältnisse; lauter Mannigfaltigkeit, nirgend Einheit; lauter Beschäftigung nirgend Leichtigkeit in der Beschäftigung. Wie sehr würde der Schöpfer seinen Zweck verfehlt haben, wenn er nichts als Schönheit gewesen wäre!" Ein schlechter Aesthetiker, aber auch ein schlechter Anatom! Es ist begreiflich, daß der Erfinder des Proportionalgesetzes, daß Adolf Zeising in der ausführlichen historischen Uebersicht der früheren Systeme an ihm vorübergehen muß.

Den wahren Endzweck der Schöpfung bildet die himmlische vortrefflichste Vollkommenheit, die von Mendelssohn mit Enthusiasmus apostrophirt wird. Sie gewährt Mannichfaltigkeit, aber keine Einheit im Mannichfaltigen, keine Leichtigkeit in der Beschäftigung, welche niederen (sic!) Vorzüge sie ihrer sinnlichen Nachahmerin, der Schönheit überläßt, die sich bis zur Schwachheit der Irdischen herunterlassen mag. Die Vollkommenheit aber erfordert vernünftigen Zusammenhang, Uebereinstimmung, Einhelligkeit, und die vorhandene Ordnung des Mannichfaltigen muß sich aus einem gemeinschaftlichen Endzwecke begreifen lassen.

Diese „himmlische Venus"*) nun muß man sich hüten, mit der irdischen, der Schönheit zu verwechseln. „Diese beruht auf der Einschränkung, auf dem Unvermögen; aber das Gefallen an der Uebereinstimmung des Mannichfaltigen gründet sich auf eine positive Kraft unsrer Seele. Wenn es Wesen, die eine Vorstellungskraft haben, natürlich ist, sich nach Vorstellungen zu sehnen, so ist es auch vernünftigen Wesen eigenthümlich, nach solchen Vorstellungen zu streben, die in einander gegründet sind. Zerrüttete Begriffe, Mißhelligkeiten, Widersprüche, streiten ebensowohl wider die Natur und das ursprüngliche Bedürfniß

---

*) Diese Personification der Begriffe „Schönheit" und „Vollkommenheit" ist eine Nachahmung Platos, welcher im Symposion eine höhere von einer niederen Göttin unterscheidet: ἡ μέν γέ που πρεσβυτέρα καὶ ἀμήτωρ, Οὐρανοῦ θυγάτηρ, ἥν δὲ καὶ οὐρανίαν ἐπονομάζομεν· ἡ δὲ νεωτέρα, Διὸς καὶ Διώνης, ἥν δὲ πάνδημον καλοῦμεν. Vergleiche die Anmerkungen zu den Briefen, S. 176.

aller denkenden Wesen, als der Mangel, der völlige Tod aller Vorstellungen. Hierin liegt der mächtige Reiz, mit welchem die Vollkommenheit alle Geister an sich ziehet; und soweit eine positive Kraft über ihre Einschränkung erhaben ist, soweit ist das Vergnügen der verständlichen Vollkommenheit über das Vergnügen der sinnlichen, über das Vergnügen der Schönheit hinweg." Bei dieser ist der Zweck der Ordnung, die Sinne durch ein leichtes Verhältniß zu reizen. Bei jener führt der Endzweck auf einen zureichenden Grund, ohne welchen Gott nichts verstatten kann. Darum aber hat Gott Gefallen an Vorstellungen, die in einander gegründet sind, Gefallen an der Vollkommenheit. Alles in der Natur zielet nach einem Zwecke; alles ist in allem gegründet, alles ist vollkommen.

Im sechsten Briefe wendet sich Theokles gegen die Beschuldigungen der Vernunft und der speculativen Weisheit und unterzieht den in die Menschenbrust ursprünglich hineingelegten unwiderstehbaren Trieb zur Vollkommenheit einer näheren Erwägung, und läßt im siebenten eine Art von Theodicee sich daran schließen.

Im achten Briefe wird durch einen Widerspruch des Euphranor gegen das aufgestellte System ein kunstvoller Uebergang zu dem zweiten Theile gefunden, welcher die Empfindungstheorie vertieft und erweitert, indem er eine scheinbar damit nicht übereinstimmende Thatsache glücklich aus ihr ableitet.

Euphranor nämlich kann, obwohl er seine früheren Anschauungen gegen die des Theokles völlig aufgibt, doch dem nicht zustimmen, daß der Grund alles Ver=

gnügens entweder in Vollkommenheit oder in Schönheit zu finden sei. Nicht alles Vergnügen indessen, wie die Erfahrung lehre, gründe sich auf sinnliche oder verständliche Vollkommenheit; es gäbe auch sinnliche Lüste, die von allen Begriffen der Vollkommenheit weit entfernt seien; ja, es gäbe Vergnügungen, die sich auf Unvollkommenheiten zu stützen scheinen. "Der Mensch ist in seinen Ergötzlichkeiten so eigensinnig, daß ihn das nicht selten vergnügt, was ihm Traurigkeit erwecken sollte, ja sogar in dem Augenblicke selbst, da es ihm Traurigkeit erweckt."*)

So errege der grausige Anblick einer überhängenden, mit Einsturz drohenden Felsenklippe ein eigenthümliches Wohlgefallen, da er doch Furcht erwecken müßte. Die Bilder der Noth und der Todesgefahr seien im Stande, unsre Seele zu entzücken, und so besonders sei der Eindruck einer Tragödie, die doch unser schmerzliches Mitgefühl wach rufen sollte, mit unaussprechlichen Reizen verknüpft.

Theokles bringt zunächst die sinnlichen Lüste mit seiner Theorie in Einklang. Die Quelle des Vergnügens ist nämlich sowohl in der Seele als im Körper anzutreffen; beide müssen daher nothwendig dasjenige gemein haben, woraus diese Wirkung entspringt. Eine physiologische Betrachtung aber zeigt, wie innig das Verhältniß beider zu einander ist, und daß beide fähig sind, eine nachhaltige Einwirkung auf einander auszuüben. Die sinnlichen Freuden nun gewähren unsrer Seele eine bunkle, aber lebhafte

---

*) A. a. O. S. 137.

Vorstellung von der Vollkommenheit des Körpers, was den aufgestellten Satz über die Ableitung des Vergnügens aus der Vollkommenheit nur bestätigt. Im Gegensatze dazu führt der sinnliche Schmerz nichts herbei als das gegenwärtige sinnliche Bewußtsein einer Unvollkommenheit in dem Körper. Ferner ist die Quelle unsres Vergnügens eine dreifache, deren Grenzen auseinander gehalten werden müssen: Die Einheit im Mannichfaltigen oder die **Schönheit**, die Einhelligkeit im Mannichfaltigen oder die **verständliche Vollkommenheit** und endlich der verbesserte Zustand unsrer Leibesbeschaffenheit oder die **sinnliche Lust**. Alle schönen Künste haben aus diesen Quellen zu schöpfen; allein aber die Tonkunst vermag uns mit allen Arten von Vergnügungen zu überraschen, daher die Zauberkraft der Harmonie und ihre hinreißende Wirkung auf Alle.*)

Es liegt nur an uns, und ein jedes unschädliche Gefühl können wir zu einem Vergnügen machen. Für jeden Sinn ist eine Art von Harmonie, vielleicht nicht minder entzückend, als die der Töne, bestimmt. Die

---

*) „Welche süße Verwirrung von Vollkommenheit, sinnlicher Lust und Schönheit! Die Nachahmungen der menschlichen Leidenschaften, die künstliche Verbindung zwischen widersinnigen Uebellauten: Quellen der Vollkommenheit! Die leichten Verhältnisse in den Schwingungen, das Ebenmaß in den Beziehungen der Theile auf einander und auf das Ganze, die Beschäftigung der Geisteskräfte in Zweifeln, Vermuthen und Vorhersehen: Quellen der Schönheit! Die mit allen Saiten harmonische Spannung der nervigten Gefäße: eine Quelle der sinnlichen Lust! Alle diese Ergötzlichkeiten bieten sich schwesterlich die Hand und bewerben sich wetteifernd um unsere Gunst."

Anlage dazu liegt in unsrem Gefühle, nur liegt es glücklichen Köpfen ob, diese Geheimnisse der Natur zu erkunden. So sind bis jetzt der Geruch und der Geschmack nur als Quellen der sinnlichen Lust betrachtet worden, während die Zukunft vielleicht es vermag, deren ästhetische Bedeutung zu erkennen. Eine ähnliche und in gleichem Maße beseligende Wirkung, als die Musik hervorruft, kann für den höchsten der Sinne, für das Auge, durch die Harmonie der Farben erreicht werden, wenn man so glücklich sein wird, diese auf ihre wahre Stufe zu erheben, wenn es möglich wäre, die Linie der Schönheit oder des Reizes, die in der Malerei tausendfaches Vergnügen gewährt, mit der Farbenharmonie zu verbinden.

„Man kennt in Deutschland nunmehr die Wellenlinie, die unser Hogarth (Analysis of beauty) für die Maler als die ächte Schönheitslinie festgesetzt hat. Und den Reiz? Vielleicht würde man ihn nicht unrecht durch die Schönheit der wahren oder anscheinenden Bewegung erklären. Ein Beispiel der ersten sind die Mienen und Geberden der Menschen, die durch die Schönheit in den Bewegungen reizend werden; ein Beispiel der letzteren hingegen die flammigen, oder mit Hogarth zu reden, die Schlangenlinien, die allezeit eine Bewegung nachzuahmen scheinen. Könnte man also nicht eine Vermischung von melodischen Farben in eine von diesen Linien dahin wallen lassen? Könnte man nicht, um dem Auge desto mehr zu gefallen, verschiedene Arten von wellenförmigen und flammigen Linien mit einander verbinden? Dieses ist ein flüchtiger Gedanke, den ich selbst nicht in's

Werk zu richten weiß; und vielleicht ist es auch eine Unmöglichkeit, ihn jemals auszuführen." *)

Der zwölfte Brief gibt eine physiologisch=ästhetische Betrachtung der Wechselwirkung der körperlichen und seelischen Empfindungen. Von allen Begebenheiten in der organischen Natur kann eine jede bald die Ur= sache bald die Wirkung einer und eben derselben Veränderung sein. Wenn nun es feststeht, daß eine jede sinnliche Lust, ein jeder verbesserter Zustand unsrer Leibesbeschaffenheit, die Seele mit der sinn= lichen Vorstellung einer Vollkommenheit anfüllt, so muß auch umgekehrt eine jede sinnliche Vorstellung einer Vollkommenheit des Körpers eine Art von sinn= licher Lust nach sich ziehen; auf diese Weise entsteht der angenehme Affect. Der Körper ersetzt durch die sinnliche Lust den Abgang von Vergnügen, welcher durch die Verdunkelung der Begriffe herbeigeführt wird.

So beschaffen ist das Vergnügen des Mathema= tikers; aus seinen einzelnen Forschungen erwächst ihm keinerlei Freude, sondern alles ist nur mühselige Arbeit! Indessen beim Gesammtanblick hört seine Vorstellung auf, deutlich zu sein, aber die in der schönsten Ordnung sich bewegende Mannichfaltigkeit bewegt alle Fasern seines Gehirns in holdseliger Eintracht.

In den folgenden Briefen wird bis zum Schlusse

---

*) Ueber diese eigenthümliche Idee einer Farbenmelodie wird etwas ausführlicher gehandelt in den Anmerkungen S. 180—81.

das schon im neunten angeregte Thema über den Selbstmord ganz im Geiste dieser moralisirenden Philosophie weiter ausgesponnen, und wir können uns deßhalb deren nähere Berücksichtigung ersparen. Eine Stelle jedoch ist für die ästhetische Auffassung Mendelssohns von Bedeutung und zeigt, wie man ihm Unrecht thun würde, wenn man ihn nun so ohne Weiteres mit den übrigen Populatästhetikern auf einen Standpunkt stellen wollte. Gegen die Gründe, welche Euphranor von der Schaubühne für den Selbstmord entlehnte, bezüglich des befriedigenden und versöhnenden Eindruckes, welchen derselbe dort auf den durch die Laster und Verbrechen des Helden verletzten Zuschauer ausübe, bringt Theokles den wichtigen Satz zur Geltung, daß das Schauspiel seine eigene Sittlichkeit habe.

Im Leben ist nichts sittlich gut, das nicht in unsrer Vollkommenheit gegründet ist; auf der Schaubühne hingegen ist es alles, was in der heftigen Leidenschaft seinen Grund hat. Der Zweck des Trauerspiels ist, Leidenschaft zu erregen, und das schwärzeste Laster, das zu diesem Endzwecke leitet, ist auf der Schaubühne willkommen. Hierin liegt ein großes Kunststück der theatralischen Poesie: Der Dichter muß den Streit der wahren Sittlichkeit mit der theatralischen sorgfältig verstecken, wenn das Schauspiel gefallen soll. „Man lasse den bedrängten Sir Sampson in dem Augenblick, da sich seiner Tochter Entführer ersticht, ihm diese Worte zurufen: Was thust Du Bösewicht! willst Du Laster durch Laster büßen? Den Augenblick würde die theatralische Sittlichkeit nebst dem Endzwecke des Dichters verschwin=

ben. Unser Mitleiden, das kaum rege zu werden anfing, würde sich in dem Spiegel der wahren Sittlichkeit, den man uns vorhält, in Abscheu verwandeln."*)

In dem Beschlusse wird ein Punkt abgehandelt, der in Folge der dazwischen geschobenen Reflexionen über den Selbstmord nicht zur Betrachtung kam, und welcher später auf einem gereifteren Standpunkt, nämlich in der Rhapsodie über die Empfindungen tiefer und eingehender erörtert und abgeschlossen wird. Euphranor hatte nämlich (vergl. Brief 8), verleitet von den Bemerkungen eines französischen Kunstrichters**), gegenüber der von Theokles behaupteten Theorie den Gegensatz betont, worin die gemischten, die schmerzhaft angenehmen Empfindungen zu ihr ständen, und welchen sie nicht auflösen könne, indem jene uns nichts weniger als die Erkenntniß einer Vollkommenheit zu geben schienen.

Würde nun diese Thatsache keine genügende Erklärung finden, so wäre freilich damit das ganze aufgestellte System umgestoßen. Wie wehrt nun Theokles diesen scheinbaren Widerspruch ab?

Allerdings kann die Seele sich an nichts vergnügen, was sich ihr nicht unter der Gestalt einer Vollkommenheit darstellt. Bei tödtlichen und gefährlichen Schauspielen aber fließen unmerklich ganz andere Vorstellungen mit unter, welche sich in unsrer Einbildungskraft

---

*) A. a. O. S. 158.
**) Des Abbé Dubos, Réflexions critiques sur la peinture et la poésie.

vereinen und an der Bewunderung Theil nehmen. Wir erstaunen über das Vertrauen der handelnden Personen zu ihrer Geschicklichkeit, über ihre Sicherheit, und die Besonnenheit und Gegenwart des Geistes. Das Unvollkommene als Unvollkommenes betrachtet, kann unmöglich Vergnügen erwecken, aber man kann sich gewöhnen, vom Bösen zu abstrahiren und seine Aufmerksamkeit auf das wenige damit verknüpfte Gute allein zu lenken.

Anders verhält es sich bei den Schöpfungen der Maler und Dichter. Hier braucht es keiner Absonderung, keiner Verwöhnung der Achtsamkeit, um an den traurigen Vorstellungen Vergnügen zu finden; und die Gefahr, die abgebildet wird, kann hier unser Wohlgefallen an der Geschicklichkeit des Künstlers nicht vermehren, da diese sich noch viel glänzender in Darstellungen bewähren kann, welche ganz gefahrlose und friedliche Situationen zum Objecte haben. In diesen Fällen ist nichts als Mitleiden die Seele unsres Vergnügens: der Künstler und wir sind außer Gefahr. Das Mitleiden aber ist die einzige unangenehme Empfindung, die uns reizt (vergnügt) und der s. g. tragische Schrecken (Furcht) bedeutet nur ein schnell uns überraschendes Mitleiden.

Das Mitleid nämlich ist eine Vermischung von unangenehmen und angenehmen Empfindungen. Unsre Seele, erfüllt von der Liebe zu einem Gegenstande, wird bewegt von dem Begriffe eines Unglücks, eines physischen Uebels, welches jenem unverschuldet zugestoßen. Die Liebe nun gründet sich auf Vollkommenheiten, welche dem geliebten Gegenstande eignen, und muß in uns daher die Empfindung der Lust erwecken, der Begriff aber eines unverschuldeten Unglücks erhöht noch den Werth und die Vortrefflichkeit des davon Betroffenen, ähnlich wie ein bitterer Tropfen in einer süßen Schale unser Vergnügen größer macht. Jedoch dürfen die beiden Arten von Empfindungen, welche sich in unserm Innern vermischen, nicht gerade einander entgegengesetzt sein, sonst würden sie sich paralysiren. Es streitet deßhalb der Begriff einer vergangenenen Unvollkommenheit nicht mit dem der gegenwärtigen Vollkommenheit, aber die Freude wird geringer, wenn das gegenwärtige Glück nicht vollständig ist.

Aus der Quelle des Mitleids ergießt sich also über uns eine himmlische Lust, so im Leben und noch mehr auf der Bühne. Denn hier würde uns ein solcher tragischer Anblick entzücken, der uns in der Wirklichkeit unerträglich wäre, weil die Unlust über das Unglück einer geliebten Person das Vergnügen aus der Liebe zu ihr verdunkelte, und der Schmerz weit überwöge. In der tragischen Dichtkunst aber ist das Wohlgefallen möglich, indem die Erinnerung, daß alles nur eine künstliche Täuschung sei, unsre schmerzhafte Empfindung besänftigt, und die Trauer nur insoweit bestehen läßt, als sie fähig ist, unsrer Liebe den nöthigen Reiz und die gehörige Fülle zu geben.*) —

---

*) Dieser hier hineinverwebte Gedanke von der ästhetischen Illusion, welche in dem Kunstgenusse allerdings nur ein niederes Moment bildet, und über die Mendelssohn später einen eigenen Aufsatz ausarbeitete, wird von Lessing, wie wir gelegentlich

Es ist schon bemerkt worden, daß zwar die Aesthetik als selbstständige philosophische Disciplin ihre Begründung erst durch Baumgarten gefunden hat, daß aber die Keime zu derselben schon bei Leibnitz gesucht werden müssen, indem dieser sowohl durch eine Fülle feiner und genialer· Bemerkungen die mannichfachsten Anregungen und Anhaltspunkte demjenigen gewährte, welcher die specielle Behandlung der Wissenschaft des Schönen sich zur Aufgabe setzte, als auch zu deren Aufbau Fundamentalsätze aufstellte, welche in dem Organismus des Leibnitzischen Systems nicht als lockere, gelegentliche Einfälle erscheinen, sondern als wohlberechtigte Glieder in der schönsten Ordnung sich einfügen lassen: Grundlagen der Aesthetik, welche die Ausgangspunkte Baumgartens an Tiefe und Tragweite überragen.

Nach Leibnitz nämlich sind, wie alle Vorstellungen, auch die höchsten des menschlichen Geistes, welche sich auf Form, Ordnung und Harmonie der Dinge, als deren vollsten und wahrsten Ausdruck richten, an das Gesetz der Entwicklung gebunden und durchschreiten ein in der Mitte zwischen der unbewußten Sinnlichkeit und der vollen Verstandesklarheit gelegenes Stadium

---

sehen werden, völlig gestrichen, was nicht nöthig gewesen wäre, hätte Mendelssohn nicht deren Bedeutung überschätzt. Im Gegensatze hierzu will Lessing, ungemein tiefer greifend, das Wesen der Empfindung des tragisch Schönen aus einem anderen Principe herleiten, und es ist bemerkenswerth, daß Mendelssohn obwohl er auch auf einer höheren Stufe noch zu seiner alten Vorstellung zurückkehrt, sich dennoch hier der Einwirkung seines Freundes nicht erwehren kann.

des dunklen Bewußtseins und beschreiben so den Proceß, welchem die Gesammtentwicklung des individuellen Seelenlebens unterworfen ist. Dieser zwischen Licht und Dunkel schwebende Durchgangspunkt ist jedoch kein blos transitorischer, sondern kehrt auch auf der zur bestimmten Deutlichkeit der Einsicht gereiften Lebensstufe unzählige Mal wieder, und zwar immer da, wo es sich um Wahrnehmung der reinen Formen handelt, welche von dem Geiste nur empfunden, d. h. verworren, wie in einem clair-obscur percipirt werden. So entsteht in der Tiefe der Seele jenes **Formgefühl**, welches weder mit der unter ihm stehenden rein sinnlichen, noch auch mit der eine höhere Klarheit (weil einen Begriff) gewährenden, verstandesmäßigen oder logischen Vorstellung unter e i n e Kategorie gerechnet werden darf, vielmehr eine gesonderte, mitten inne liegende Stellung einnimmt.

Die ästhetische Vorstellung nun besteht in der Betrachtung der Formen der Dinge, mit welcher ein Formgenuß verbunden ist, welcher als ästhetische Befriedigung oder als Kunstgenuß empfunden wird. Zu beiden aber vermag die sinnliche Vorstellung, welche allein auf den körperlichen Eindruck angewiesen ist, nicht hinaufzureichen, und ebensowenig findet hier die Verstandesthätigkeit Raum, da diese eine scharfe und deutliche Definition des Gegenstandes erfordert, und vermöge ihrer zersetzenden, die Gesammtvorstellung in eine Anzahl von Theilvorstellungen auflösenden Kraft, nie zu einer Totalanschauung, bei welcher die deutlichen Einzelbegriffe verschwinden, und darum auch zu keinem Genusse der Form des Gegenstands kommen kann.

Die dunkle Vorstellung der Harmonie oder das Schönheitsgefühl hat seinen Sitz in dem Innersten der Seele und ist nicht, wie jenes Wort über die Musik*) etwa mißdeutet werden könnte, eine bewußtlose, dunkle Mathematik, sondern vielmehr eine Aeußerung jener vorstellenden Kraft, die das Wesen der Seele bildet, und welche hier, weil die Form, die harmonische Ordnung percipirend, sich in dem Helldunkel der Empfindung vollzieht. Schön ist nach Leibnitz die gefühlte, d. h. verworren percipirte Harmonie, und häßlich die ebenso empfundene Deformität oder Disharmonie.

In dieser philosophischen Begriffsbestimmung wird durch eine natürliche Synthese das objective Element der ästhetischen Vorstellung, die Harmonie oder Form, mit dem subjectiven Factor, der Empfindung, verbunden, indem gesagt wird, daß die Vorstellung von der Form, der Erscheinung des Dinges, in der schon näher bezeichneten Zuständlichkeit der Seele sich entwickelt. In Folge dieser Hervorhebung des psychologischen Momentes, der mit der dunklen Perception näher bestimmten ästhetischen Gemüthsstimmung, ist die Anschauung Leibnitzens viel bedeutender und nachwirkender geworden, als die grundlegenden Sätze Baumgartens, und eine nähere Verfolgung erweist,

---

*) Principes de la nature et de la grâce, No. 17, pag. 718. Die Musik entzücke uns, obwohl ihre Schönheit nur in harmonischen Zahlenverhältnissen, ihr Genuß in einem bewußtlosen, unwillkürlichen Zählen bestehe. Von derselben Art seien die Genüsse, welche das Auge in der Betrachtung der harmonischen Körperverhältnisse (dans les proportions) finde.

daß sich die Untersuchungen über Wesen und Begriff der Schönheit, welche die Aufklärung anstellte, weniger an den eigentlichen Begründer der Wissenschaft als gerade an Leibnitz anschließen.

Die Baumgarten'sche Definition des Schönen als **sinnlich wahrgenommener Vollkommenheit** geht zudem in der Leibnitzischen als **der dunkel percipirten Harmonie** völlig auf, nur daß die letztere noch weit mehr besagt, und eben durch die psychologische Wendung tiefer in den dunklen Schooß und die geheimnißreiche Quelle, aus welchen das Schönheitsgefühl geboren wird, eindringt. Damit aber erscheint, da diese psychologische Betrachtung des Schönen der Aesthetik des Kriticismus so nahe verwandt ist und ihr die Bahn bereitet, auch Leibnitz schon als Vorläufer Kant's, denn es bedeutet die harmonische Gemüthsstimmung, worin das Wesen des Aesthetischen liegt, nichts anderes als das **Gefühl** der **Lust** oder **Unlust**, und jener Kant'sche Satz, daß das Schöne **ohne Begriff** gefalle, ist von Leibnitz nur noch nicht ausgesprochen, folgt aber von selbst aus der gegebenen Bestimmung. Der Unterschied aber zwischen beiden besteht in der Feststellung des Verhältnisses zwischen ästhetischer und logischer Erkenntniß.

Wenn beide die wohlgefällige Wirkung des Schönen auf einen gleichen Ursprung, nämlich auf die gefühlte Zweckmäßigkeit oder Harmonie zurückführen, so weist Kant das ästhetische Gefühl einem selbständigen und unabhängigen Seelenvermögen zu, während dasselbe bei Leibnitz auch eine Vorstellung ist, die sich nur durch mindere Klarheit von der logischen, als deren Vorstufe sie gilt, unterscheidet. Bei jenem ist der

Unterschied ein dynamischer, bei diesem ein blos gradueller, weil die vorstellende Thätigkeit des Geistes durch das Stadium des dunklen Gefühls oder der verworrenen Perception hindurch zur vollen und deutlichen Erkenntniß sich erheben kann.

Wir werden, was diesen Punkt betrifft, sehen, daß Mendelssohn, hierin über Leibnitz hinausgreifend, zu einem Gesichtspunkte kommt, welcher eine überraschende Aehnlichkeit mit der Kantischen Auffassung zeigt, und daß es nur der consequenten entschiedenen Durchbildung desselben bedurft hätte, um bei den Resultaten des Kriticismus anzulangen. Bei der meist herrschenden Ansicht aber, daß die Briefe über die Empfindungen nur eine ganz auf dem Baumgarten'schen Standpunkte gelegene Erörterung gäben, war es nöthig, einen Augenblick bei den Leibnitzischen Anschauungen zu verweilen, und schon diese kurze Berührung wird genügen, wenn man damit die vorausgeschickte Analyse der Mendelssohn'schen Briefe vergleicht, den Zusammenhang zwischen diesen und den ersteren aufzudecken.

Wir stehen übrigens mit dieser Meinung nicht allein, sondern auch Kuno Fischer, welcher, dem Genius eines Leibnitz huldigend, sonst der Mendelssohn'schen Philosophie keine allzugroße Gunst zuwendet, findet die Leibnitzische Erklärung der ästhetischen Perception am richtigsten ausgeführt in den genannten Briefen, wiewohl dieselben sich zunächst an Baumgartens Aesthetik anschließen. „Mendelssohn entdeckt das ästhetische Vergnügen in der Mitte zwischen der völlig dunklen und der völlig deutlichen Vorstellung: in einem Formgefühl, welches vernichtet wird, sobald man den Gegenstand genauer analysirt und verdeutlicht. Darum will er gegen Baumgarten die Schönheit von der Vollkommenheit unterschieden wissen. Die Vollkommenheit der Dinge besteht in dem vernünftigen inneren Zusammenhange der Theile, d. h. in der Gesetzmäßigkeit, die Schönheit in der gefälligen äußeren Verknüpfung, d. h. in der Form. Jene ist die Uebereinstimmung, diese die Einheit im Mannichfaltigen." *)

Indessen bleibt Mendelssohns compilirender Geist nicht bei Leibnitz stehen, sondern er stellt einen Fortschritt dar, indem er diesem und seiner Schule durch Aufnahme und Berücksichtigung der englischen Philosophie eine folgenreiche Ergänzung zu geben bemüht ist, welches Bestreben ihm eine bedeutsame Stellung in der Geschichte der Philosophie sichert, insonderheit, da hierin ein wichtiger Coincidenzpunkt zwischen ihm und Kant hervortritt, welcher letztere ja auch ausgesprochener Maßen den Philosophemen der Engländer die mannichfachste Anregung verdankt und oft direct an sie anknüpft.

Mendelssohn nun, welcher bekanntlich aus einer lateinischen Uebersetzung Locke's mit unsäglicher Mühe die lateinische Sprache erlernt hatte, stellte seiner Philosophie die Verschmelzung und Verknüpfung Leibnitzischer Lehren mit Locke'schen und denen der Engländer überhaupt, als eigentliches Ziel hin, was nun freilich, oberflächlich angesehen, bei dem Gegensatze

---

*) Kuno Fischer, Gesch. der neueren Philosophie II, S. 352 Anmerkung.

des Sensualismus und Intellectualismus als ein bedenkliches Unternehmen erscheinen könnte. Der Anstoß, welchen Mendelssohn in literarischer Beziehung durch die Engländer und namentlich durch den Gefühlsphilosophen Shaftesbury erhielt, zeigt sich auch eben in den Briefen über die Empfindungen, deren Form dem Buche des letzteren „the Moralists, a philosophical rhapsody" direct nachgebildet ist, wie auch aus der Figur des Theokles und aus der Benennung der späteren „Zusätze" als einer Rhapsodie ersichtlich.

Was nun das Wagniß der Vermittlung zwischen den englischen und Leibnitz-Wolff'schen Theorien betrifft, so hebt Danzel, vor dessen feinem kritischen Blick überhaupt Mendelssohn die richtigste und unbefangenste Würdigung gefunden hat, mit Recht hervor, daß es sich ja nicht darum handelte, die philosophischen Principien dieser Antagonisten zu vermitteln, sondern nur für eine Thatsächlichkeit, welche von der einen Seite reiner aufgefaßt war, und deren einseitige Berücksichtigung den Grund der Einseitigkeit ihres ganzen Systemes bildete, in dem Lehrgebäude der anderen eine richtige Stelle zu finden.*)

Der Idealismus nämlich der Leibnitz-Wolff'schen Richtung mußte alle Sinnlichkeit, ob sie sich als Anschauung oder als Empfindung darstelle, für etwas nur Negatives erklären; hieran aber nahm Mendelssohn, durch das Studium des englischen Sensualismus zu einer Anerkennung des sinnlichen Seins ge-

---

*) Vergl. Danzel, Lessing I, 350.

führt, Anstoß und äußerte sein Bedenken darüber, daß nur aus der Verwirrung der Realitäten die Erscheinungen entstehen sollten, welche wir von den Körpern haben. Vielmehr heißt es in den Morgenstunden, nicht die Sinne seien es, die uns täuschten, sondern der Irrthum bestehe nur darin, daß wir einen gegebenen sinnlichen Eindruck durch den Gedanken falsch subsumiren.

Mendelssohn stellt nun Leibnitz gegenüber das sinnliche Sein als ein neben dem reinen Gedanken gleichfalls Positives fest, und subsumirt diese Locke'sche Behauptung unter eine Kategorie der von der Wolff-schen Schule aufgestellten Geistesphilosophie, indem er die Anschauung für eine positive Seelenkraft erklärt. In diesem Sinne sagt er, eine idealistische Auffassung von sich ablehnend: „Wir sagen bloß, die Vorstellung, die wir von materiellen Wesen als ausgedehnt, beweglich und undurchdringlich haben, sei keine Folge unserer Schwachheit und unsres Unvermögens: sie fließe vielmehr aus der positiven Kraft unsrer Seele, sie sei allen denkenden Wesen gemein, und mithin nicht bloß subjective, sondern objective Wahrheit." *)

In Bezug auf das ästhetische Gefühl wird derselbe Punkt nun auch schon in den Briefen über die Empfindungen zur Sprache gebracht, wenngleich Mendelssohn hier noch nicht die volle Tragweite dieses Gedankens, welcher für seine späteren ästhetischen Theorien gewinnbringend wurde, zu übersehen ver-

---

*) Morgenstunden, Schr. II, 291.

mochte. Von Wolff nämlich war alles Vergnügen (also auch die ästhetische Lust) aus einer noch nicht entwickelten, dunklen Vorstellung einer Vollkommenheit abgeleitet worden und darum nur in einem uns anhaftenden Mangel begründet gefunden, dessen Ueberwindung sich demnach als Aufgabe einer höheren Lebensstufe erweise, so daß vor der zur vollen Deutlichkeit emporgedrungenen Vernunfterkenntniß, in welcher ja die gesammte geistige Entwicklung culminirt, das Schöne in der Natur sowohl wie in den Schöpfungen der Kunst, als unberechtigte und machtlose, in das Gebiet der unteren Seelenvermögen einschlagende Erscheinung, verschwinden mußte.

Es ist ein wirkliches Verdienst Mendelssohns und ein redendes Zeugniß für seine ästhetische Begabung, sich gegen diese unwürdige Auffassung principiell entschieden zu haben, obwohl dieser Gegensatz nicht genug in seiner Wichtigkeit von ihm betont wird, und in der praktischen Durchführung der Zwang und die Fessel des Schulsystems sich in ihrem lähmenden und beengenden Einfluß erweisen. Jedoch ist das Resultat gewonnen und ein energischer und glücklicher angelegter Geist konnte sich des Satzes zu den fruchtbarsten Folgerungen bedienen: daß das rein geistige Vergnügen, die reine Seelenlust, nicht auf ein Unvermögen in uns, nicht auf eine Einschränkung der ursprünglichen Kräfte, sondern vielmehr auf die positiven Kräfte der Seele zurückgeführt werden müsse, und daß jedes, also auch ein den niederen Seelenvermögen eignendes, Vergnügen als solches etwas Positives sei.

Dies erkannte denn auch Lessing mit seinem

klaren und scharfen Blicke sofort als eine bedeutende Berichtigung und wandte sich anerkennend und zustimmend der aufgestellten Empfindungstheorie zu, weil dadurch ja eben die künstlerische Production, das ästhetische Schaffen, dessen kritische Betrachtung sowohl, als auch dessen Ausübung seine Lebensaufgabe war, eine höhere und berechtigtere Stellung erhielt, als ihr von Seiten der Wolff'schen Philosophie zugewiesen wurde, wie er denn auch es war, welcher, sich vielfach und eingehend mit den Engländern beschäftigend, Mendelssohn auf deren Studium hingewiesen hatte. Der von beiden Freunden gepflegte intime Verkehr, der ausführliche Austausch der beiderseitigen Ideen, das Zusammengehen und gemeinsame Operiren bei Behandlung vieler ästhetischer Fragen, wie es zum Beispiel auch in dem über das Wesen der Tragödie unterhaltenen Briefwechsel, auf den wir zurückkommen werden, hervortritt, geben den deutlichsten Beweis davon, daß Lessing, wenn auch oft differirend, derzeit wenigstens keineswegs den allgemeinen Standpunkt Mendelssohns zu übergreifen vermochte, und daß er, wie auch noch aus der Hamburgischen Dramaturgie ersichtlich, mit ihm in der Anknüpfung an die Engländer auf dem Boden der Empfindungslehre stand.

Daß in dieser kein fertiges System der Aesthetik zu suchen sei, spricht schon Herder aus, welcher sie übrigens sehr anerkennend beurtheilte,*) und Mendelssohn selbst nennt seine ästhetischen Arbeiten, ob=

---

*) Herders Lebensbild I, 3, 2. S. 442.

wohl sein Interesse einen tiefen und praktischen Grund hatte, mit der ihm eigenen Bescheidenheit nur Spaziergänge in die anmuthigen Gefilde der schönen Wissenschaften, die er der Erholung wegen unternehme, betont aber den genauen Zusammenhang und die innige Verbindung, in welcher diese mit der speculativen Weltweisheit stehen.*) Daß er sie aber höher achtete als bloßer Ausflüge würdig, beweist der Ernst und der Zeitaufwand, den er der Behandlung ästhetischer Fragen widmete, sodann auch der Umstand, daß er der praktischen Anwendung derselben eine große Bedeutung für das Leben beimaß.

Bei seiner Anzeige des Meier'schen „Auszuges aus den Anfangsgründen der schönen Wissenschaften" streitet er demjenigen alles Verständniß für Aesthetik ab, welcher an dem Nutzen und an der Vortrefflichkeit derselben zweifle. Die Verbesserung des Geschmacks und der unteren Kräfte der Seele überhaupt sei für die schönen Wissenschaften, für die Sittenlehre und vielleicht für alle Wissenschaften von allzu großer Wichtigkeit, als daß sie nicht einem Jeden in die Augen leuchten solle. Allerdings zeigt Mendelssohn in diesem Streben nach praktischer Anwendung, daß er sich des Geistes seiner Zeit nicht entschlagen kann, und wird wie die Sulzer, Eschenbach u. A. zu der Vermischung ästhetischer und moralischer Elemente geführt, welche die Herculesferse der Populärästhetik bildet: ja er trug sich sogar, wie aus einem Briefe Nicolai's an Herder hervorgeht, mit der Absicht, ein

---

*) Schr. V, 437 in einem Schreiben an Iselin.

Werk über die Verbindung der schönen Wissenschaften, des Naturrechts und der Moral auszuarbeiten.*)
Indessen hatte dieses Incliniren nach dem Angelpunkte der Aufklärung, nach der Praxis, doch auch die günstige Folge, daß sich ihm der Begriff der Aesthetik gegenüber der engen und unlebendigen Auffassung Baumgartens zu ihrem vollen Umfange erweiterte. Wichtig ist hierfür eine Stelle aus der schon erwähnten Ankündigung des Meier'schen Auszuges,**) welche einen schlagenden Beleg dafür abgibt, wie wenig er sich durch die Autorität Baumgartens gefangen nehmen ließ:

„Uns dünkt, daß der Erfinder dieser Wissenschaft der Welt nicht Alles geliefert habe, was seine Erklärung des Wortes Aesthetik verspricht. Die Aesthetik soll eigentlich die Wissenschaft der schönen Erkenntniß überhaupt, die Theorie aller schönen Wissenschaften und Künste enthalten; alle Erklärungen und Lehrsätze derselben müssen daher so allgemein sein, daß sie ohne Zwang auf jede schöne Kunst insbesondere angewendet werden können. Allein man findet nichts anderes erwähnt, als die Schönheit der Gedanken. Der Figuren, Linien, Bewegungen, Töne und Farben wird mit keiner Sylbe gedacht, und die Lehren und Grundsätze sind so vorgetragen, als wenn diese letzteren Schönheiten gar keinen Anspruch auf dieselben machen könnten. Wir halten

---

*) Ungedruckte Briefe von und an Herder. Leipzig 1861. I, 332.
**) Ges. Schr. IV. 1. 314, 316, 317.

zwar die Rede für das vornehmste Zeichen der Ge=
danken, aber nicht der Schönheiten. Man übergeht
unseres Erachtens den wichtigsten Theil der Semiotik,
wenn man nicht auch ausführlich und fruchtbar von
den natürlichen Zeichen der Schönheit, von ihrer
Verbindung mit den willkürlichen, von ihren Gren=
zen in einer jeden Kunst u. s. w., insofern sie zur allge=
meinen theoretischen Aesthetik gehören, handeln will."

Doch auch im Einzelnen hat es sich uns gezeigt,
wie Mendelssohn, wenn auch formell und ursprünglich
sich an Baumgarten anlehnend, über diesen hinausge=
schritten, oder, wenn man will, zu dem richtigen Grunde
zurückgegangen ist, indem seine Explicationen weit näher
an den Geist eines Leibnitz heranrühren, dessen Prin=
cipien sie in der angegebenen Weise zu reproduciren
und fortzubilden suchen, daneben freilich ihn in den
Schranken der Schulphilosophie verstrickt erweisen,
weßhalb er eine wirkliche, totale Reform der Aesthetik
nur anzubahnen, nicht aber selbst hervorzubringen
vermochte.

Denn auch er kann trotz der richtigsten Ansätze
und Motive sich nicht über einen Standpunkt hinaus=
ringen, welcher das ästhetische Leben in directe Be=
ziehung zur Moralität setzt, wiewohl man aner=
kennen muß, daß er der Sache eine feinere und
tiefere Richtung gibt, die jene platte, stumpfe Auf=
fassung unmöglich macht, daß vermittelst der Pro=
ductionen des künstlerischen Geistes gewisse ethische
Grundsätze veranschaulicht und verlebendigt werden
müßten (etwa wie die Pointe der Fabel in der
Moral läge).

Von dieser seiner Zeit allerdings nicht fremden

Anschauung sich abwendend, geht er vielmehr von dem Unterschiede der theoretischen und praktischen Ueberzeugung aus. Er sagt in seiner Abhandlung über die Evidenz in den metaphysischen Wissenschaften, daß der, welcher von der Wahrheit überzeugt sei, sie zur selben Zeit unmöglich in Zweifel ziehen könne, allein man könne von einer Verbindlichkeit theoretisch überzeugt sein und ihr dennoch zuwiderhandeln. Dieses Hinderniß der Tugend aber helfe die Kunst überwinden, indem sie sich an unsre anschauende Erkenntniß wende und uns eine Fertigkeit mittheile, an dem Edlen Wohlgefallen zu finden.

Zu dieser auf Kant unwidersprechlich hinweisenden Vorstellung hat er sich freilich nun erst auf einer reiferen Stufe erhoben, aber im Keime lag sie auch schon früher, wenn auch nicht ausgebildet, vor, und der Mangel ist der, daß wir in den Briefen bei einer rein psychologischen Theorie stehen bleiben. Es wird nämlich hier die rein ästhetische Lust nicht principiell von der sinnlichen geschieden, welche letztere ebenfalls in dem Bewußtwerden unserer Realität gesucht wird und nicht aus der Vorstellung einer Vollkommenheit außer uns, sondern der eigenen Vollkommenheit des Körpers entstehe, und diese Vollkommenheit selbst sei.

Hierin liegt auch nach Zimmermann der Uebelstand, vermöge dessen Mendelssohn trotz der Baumgarten gegenüber gezogenen Grenze zwischen Vollkommenheit und Schönheit, die dieser hatte zusammenlaufen lassen, über die Sulzer'sche Auffassung nicht hinaus kommt, weil er nämlich die Begriffe der „sinnlichen" und der „dunklen" Erkenntniß nicht in

der richtigen Weise von einander zu sondern vermag.
Eine niedere und eine höhere Schönheit stehen sich
gegenüber, die erstere kann eigentlich für keine wahre
Schönheit gelten, da sie nur auf einem untergeord=
neten Standpunkte der Erkenntniß existirt, so daß
z. B. die Gottheit des Vergnügens an derselben nicht
fähig ist, und die letztere wieder ist keine, weil so
hoch wie über der dunklen Erkenntniß die deutliche
steht, die „himmlische Venus" (Vollkommenheit) über
der irdischen (Schönheit) hinweg ist. Wird die Schön=
heit auf die sinnliche Erkenntniß beschränkt, so kann
folgerichtig vor dem vollkommensten Wesen, welches
der letzteren nicht fähig ist, auch der Begriff der
Schönheit nicht mehr gelten, denn diese verschwindet
ja, wo die Erkenntniß eine durchweg deutliche ist.

Was demnach durch die Grenzscheidung zwischen
Schönheit und Vollkommenheit gewonnen ist, indem
die erstere dadurch, im Gegensatze gegen das Ueber=
greifen des Begriffs der Vollkommenheit in Baum=
gartens Aesthetik, eine selbständige und wohlberechtigte
Stellung bekommt, geht durch die mangelhafte in die
Engherzigkeit der Schultheorie zurückschlagende Aus=
führung wieder verloren, und zwar so vollständig,
daß, wie wir sahen, eigentlich kein Schönheitsbegriff
in speculativem Sinne mehr vorhanden ist. Es ist
dies eben eine Inconsequenz, welche bei einer ener=
gischen und durchgreifenden Geltendmachung des doch
erkannten wahren Verhältnisses nicht hätte entstehen
können, und die wir Mendelssohn, zumal er sich
später von ihr wieder loszureißen und zu einem
wirklich philosophischen Gesichtspunkt zu gelangen im
Stande ist, zu Gute halten müssen.

In gleicher Weise darf ihm der Mangel an Folgerichtigkeit nicht zu hoch angerechnet werden, der darin besteht, daß er auch die deutliche vernunftmäßige Einsicht in die organische Gliederung des Universums, in dessen Zweckmäßigkeit, mit der Bezeichnung einer höheren Schönheit versieht, weil consequenter Weise nach seiner Theorie nur das, was seinen Grund in der sinnlichen Erkenntniß hat, schön zu nennen ist. Aber eben die Begriffsverwirrung von sinnlicher und dunkler Erkenntniß, von denen die erste das übersinnliche Sein, die andre den deutlichen Gedanken von sich ausschließt, läßt hier die Logik vermissen, welche wir sonst bei Moses finden. Die Beobachtung hatte ihn auch in dem übersinnlichen Sein den Begriff der Schönheit verwirklicht erblicken lassen, weßhalb er diesen — um nach einer anderen Seite seinem System gerecht zu werden, in welchem ja alle der sinnlichen gegenüberstehende Erkenntniß eine deutliche ist — im Widerspruche gegen die ursprüngliche Bestimmung auch wieder ausdehnen muß auf das Gebiet der durch die klare Vernunft erlangten Einsicht.

In diesem und noch einem anderen Punkte, nämlich in der Hervorhebung jener, freilich von Danzel*) zuerst mit Nachdruck geltend gemachten, in die Augen springenden Aehnlichkeit, welche die Auffassung der Populärästhetik mit der der speculativen Aesthetik

---

*) „Kritik der Hegel'schen Aesthetik" und „Ueber den gegenwärtigen Zustand der Philosophie der Kunst und ihre nächste Aufgabe".

zeigt, müssen wir dem Herbartianer Zimmermann, dessen Werk übrigens durch die neuerdings erschienene Geschichte der Aesthetik von Hermann Lotze keineswegs in Schatten gestellt oder überflüssig gemacht worden ist, beistimmen. Sonst freilich charakterisirt sich auch dessen Beurtheilung Mendelssohns, welchem nun gar in dem Lotze'schen Buche nur ein paar flüchtige und wenig sagende Zeilen gewidmet werden, durch die gerügte herbe Einseitigkeit, womit nur das Mangelhafte der Mendelssohn'schen Lehren, gleichsam als das Wesentlichste, als der Kern derselben, betrachtet wird, und dann durch Unvollständigkeit, indem jene anderen Schriften, in denen sich ein höherer Standpunkt darstellt, gar nicht berücksichtigt werden. Warum wandelt Zimmermann nicht auch hier in den Pfaden Danzels, von welchem er sich doch sonst einige und zwar sehr wesentliche Gesichtspunkte hat vorzeichnen lassen?

Darin nun aber ist sein Urtheil vollkommen richtig, daß die erwähnte Erweiterung des Schönheitsbegriffes nach dem Gebiete der Vollkommenheit hin (insofern derselbe auch auf das durch deutliche Einsicht Erkannte übertragen wird) unnöthig sein würde, wenn sich Mendelssohn zu der Anschauung erhübe, daß auch nichtsinnliche Erkenntniß dunkel, d. h. ohne Bewußtsein erfolgen könne. Unter dieser Voraussetzung würde auch Nichtsinnliches schön sein, indem nämlich seine Vollkommenheit gefühlt oder bewußtlos percipirt wird. Die Zweckmäßigkeit würde alsdann in dem clair-obscur der Empfindung, in dem dunklen Stadium des Gefühles, worin sich das ästhetische Leben vollzieht, zur Schönheit werden, ein

Satz, welcher durch die ganze Darstellung angebahnt wird und wohin eigentlich dieselbe zielt, der aber in Folge jener Begriffstrübung nicht klar heraustreten kann. Ebendaraus läßt sich auch die getadelte Mißachtung der sinnlichen Erkenntniß als solcher, und der Schönheit, welche von ihm nur an der Oberfläche gesucht wird, erklären, und diese muß, trotz seiner Controverse gegen Baumgarten eigentlich in dem Begriffe der Vollkommenheit aufgehen, wenn er z. B. die innere Gesetzmäßigkeit und Harmonie des Universums, welche doch nach ihm, weil sie sich der sinnlichen Vorstellung entzieht, nur durch deutliche Vernunfteinsicht erkannt wird, ebenfalls als Schönheit empfunden wissen will.

Indessen liegt das Aufgeben der Schönheit gegenüber der Vollkommenheit seiner wirklichen Absicht sehr ferne, und ist nur eine Schlußfolgerung, die wir aus solchen Prämissen allerdings zu ziehen berechtigt sind, ihm aber nicht unterstellen dürfen. Denn es ist ja, obwohl er die Baumgarten'sche Definition adoptirt, sein ängstliches Bemühen dahin gerichtet, den Unterschied zwischen der schönen und vollkommenen Erkenntniß nachdrücklichst hervorzuheben und deren Jdentificirung als unphilosophisch nachzuweisen.

Die erste — und hierin fällt er in die Wolff'sche Lehre von den unteren Seelenvermögen zurück, welche er so glücklich durch seine Ableitung der ästhetischen Lust aus einer positiven Geisteskraft überwunden hatte, — ist nur ein Zeichen unsrer Einschränkung, ein unzureichender Ersatz für die fehlende deutliche Erkenntniß. Den Differenzpunkt zwischen der himmlischen und der irdischen Venus vermag er aber nicht in objectiver sondern nur in subjectiver Weise zu gestalten, denn nicht **materiell** sind nach ihm die Begriffe der Schönheit und Vollkommenheit gesondert, sondern nur der **Art und Weise der Perception** nach, sodaß die **sinnlich erkannte Vollkommenheit** als **Schönheit** bezeichnet wird, die dagegen **klar und deutlich gewußte** als **Wahrheit**. Mit der Sinnlichkeit muß deßhalb auch die Schönheit verschwinden, und Wesen, die über dieselbe erhaben sind, so vor allem das allervollkommenste Wesen, welches den Begriff der reinen und abstracten Uebersinnlichkeit darstellt, können der Empfindung wie des Genusses der Schönheit nicht mehr fähig sein, weil ihnen für dieselbe das Organ mangelt, welches sich nur auf einer niederen Entwicklungsstufe thätig erweist. Der thatsächliche Inhalt aber, der Stoff der Vorstellungen der Schönheit und Vollkommenheit ist derselbe, und nur die Erkenntnißform eine andere, sodaß die ewigen Ideen des **Schönen, Wahren und Guten** auf das engste zusammengerückt werden, indem sie aus der nämlichen Vollkommenheit abzuleiten sind, welche in dem einen Falle mit dem ästhetischen, in der ihm eigenthümlichen Seelenstimmung sich entwickelnden, Gefühle ergriffen, d. h. **sinnlich erkannt**, und in dem anderen Falle mit dem Vernunftbewußtsein angeeignet, d. h. durch **deutliche Einsicht** percipirt wird.*)

---

*) Erst nach dieser Erkenntniß ist es möglich, das Moralisiren in ästhetischer Beziehung, welches der Aufklärung immer und immer vorgerückt wird, zu begreifen, und aus einem philosophischen Grunde abzuleiten.

Anschauung und Gedanken, Gefühl und Begriff sind demnach die wesentlichen Factoren, um die sich die Darstellung dreht, und vor denen das objective Element der ästhetischen Vorstellung, das harmonische Formenverhältniß, nicht zu seinem Rechte kommen kann. Hierin nun wird mit Recht der Punkt gesucht, wo die Populäräfthetik und die spätere, auf sie stolz herabblickende, speculative Aesthetik coincidiren. Wenn auch die Danzel'sche Behauptung, daß die ganze Hegel'sche Aesthetik nur ein verfeinerter Baumgartenianismus sei, zu scharf zugespitzt ist, so vermag doch die Replik, welche Th. Vischer gegen dessen Kritik richtet, das Wahre, das ihr zu Grunde liegt, nicht bei Seite zu schieben. Denn allerdings ist es ein Zurückgreifen zu der von Baumgarten aufgestellten cognitio veri sensitiva — die, wie eben ausgeführt, von der cognitio veri intellectualis allein darin verschieden ist, daß von der letzteren das Wahre (die Vollkommenheit) durch den logischen Verstand, von der ersten durch den Sinn erkannt wird, — wenn Hegel das Schöne definirt als das unmittelbar, d. h. sinnlich geschaute Wahre.

Da nach Hegel der logische Gedanke, der Begriff, das allein Positive ist, im Schönen aber das sinnliche Sein (als solches ein schlechthin Negatives) eine positive Geltung für sich in Anspruch nimmt, diese nun nur vermittelst des Begriffes vindicirt werden kann, so sehen wir das Schöne, wie bei Mendelssohn und Baumgarten im Vollkommnen, hier im Begriffe aufgehen, und es läuft die ganze Ausführung da hinaus, daß der Begriff im einen Fall logisch gedacht, im anderen sinnlich geschaut wird. Das Sinnliche hat in der Schönheit keine selbstständige Stellung, sondern in seiner Existenz tritt nur der Begriff in die äußere Erscheinung. Also auch hier tritt uns wieder die Geringschätzung des sinnlichen Factors, welche wir bei Mendelssohn bemerkten, entgegen, und bei weiterer Verfolgung auch der Schönheit selbst.

Die Differenz der ästhetischen und der logischen Vorstellung bewegt sich, wie bei Baumgarten, nur in den Grenzen des Erkenntnißvermögens, da ja der beide erfüllende Stoff ein identischer ist, indem sowohl das verum (die Vollkommenheit) als die absolute Idee dadurch keine Veränderung in ihrer Substanz erleiden, daß sie das eine Mal durch klare Vernunfteinsicht, das andere Mal durch sinnliche Anschauung percipirt werden. Das Verhältniß aber zwischen logischem Begriffe und sinnlicher Anschauung bei Hegel ist dasselbe wie in der Leibnitz-Wolff'schen Philosophie das zwischen deutlicher und verworrener Vorstellung, verstandesmäßiger und sinnlicher Erkenntniß.

Es ist darum auch die weitere Uebereinstimmung beider Schulen nur eine sich von selbst ergebende Consequenz, daß die ästhetische Erkenntniß keine in sich abgeschlossene, sondern nur eine vorläufige (Ueberleitungs-) Stufe bildet zu der vollkommenen oder wahren Erkenntniß des reinen Gedankens, und daß, (was bei der einen zu engherziger moralischer Prüderie führte, bei der andren zur Betonung der durch den Kunstgenuß zu erwerbenden höheren intellectuellen Bildung) das Schöne zu einem bloßen Mittel herabsinkt und nur geschätzt wird, insofern es zur Erkenntniß der Wahrheit hinleitet. Denn auf diese, auf den das Schöne erfüllenden Gehalt, der entweder als Vollkommenheit oder als das Absolute gefaßt wird, richtet sich allein das speculative Interesse, und das Schöne erscheint nur als ein Durchgangspunkt, durch welchen wir zu einem Höheren fortschreiten.

Durch diese rein stoffliche Auffassung wird für die Kunst zwar der Boden der Philosophie gewonnen, aber ihr eigener preisgegeben: so urtheilt richtig Zimmermann, hierin Danzel folgend, welcher diesen Renovationsproceß der Baumgarten'schen Aesthetik in Hegels Schule zuerst in seiner Kritik der Hegel'schen Aesthetik dargestellt hat, und später in den vortrefflichen Aufsätzen „Ueber den gegenwärtigen Zustand der Philosophie der Kunst und ihre nächste Aufgabe".

Nach dieser in wenigen Strichen gezogenen Parallele zwischen den beiden durch eine großartige Entwicklung getrennten Philosophemen, verlassen wir die Briefe über die Empfindungen, die in ihrer grundlegenden Bedeutung ausführlicher behandelt werden mußten, und verweilen etwas bei dem von Nicolai und hauptsächlich von Mendelssohn und Lessing unterhaltenen Briefwechsel, welcher einen geeigneten Uebergang bildet zu den folgenden ästhetischen Arbeiten Mendelssohns, in denen dieser auf seiner Höhe erscheint und wir, an das Vorausgeschickte anknüpfend, nur die Spitzen, die leitenden Gesichtspunkte herauszugreifen brauchen, um einen fruchtbaren Gesammtblick über seine Stellung auf diesem Felde der Wissenschaft zu gewinnen.

Die betreffende Correspondenz, welche von Danzel in seinem Werke über Lessing (I, 355 ff.) eingehend erörtert wird, auf den wir deßhalb, da es uns nur auf ein kurzes Resümé ankommt, hinweisen, wurde veranlaßt durch eine von Nicolai für die Bibliothek der schönen Wissenschaften ausgearbeitete Abhandlung über das Trauerspiel, in Betreff deren er Lessing um seine Meinung ansprach.*) Nicolai hatte im Gegensatze zu Aristoteles den einzigen Zweck der Tragödie in die Erregung von Leidenschaften gesetzt; Lessing aber, zu Aristoteles zurückkehrend, replicirt in seinem Briefe vom 13. Nov. 1756 und vertheidigt, zur großen Verwunderung seiner Freunde, den moralischen Endzweck des Trauerspiels, jedoch in einem tiefen, den Geist des antiken Kunstrichters erfassenden Sinne: „wenn die ganze Kunst auf die tiefere Erregung und Dauer des einzigen Mitleidens geht, so sage ich nunmehr, die Bestimmung der Tragödie ist diese: Sie soll unsre Fähigkeit, Mitleiden zu fühlen, erweitern; der mitleidige Mensch ist aber der beste Mensch, zu allen Arten der Großmuth, zu allen gesellschaftlichen Tugenden am meisten aufgelegt."

Da Nicolai verhindert war, augenblicklich darauf in genügender Weise zu antworten, so nimmt sich sofort Mendelssohn der Sache an, indem er, was bezeichnend genug ist, diese sich um das Wesen der einzelnen Empfindungen drehen läßt.

---

*) Danzel citirt daselbst die Briefe einzeln nach der Lachmann'schen Ausgabe von Lessings Werken; sie batiren vom 31. Aug. 1756—14. Mai 1757; bei Mendelssohn finden sie sich, nicht ganz so vollständig, Bd. V, S. 36—108.

Er leugnet die secundäre Stellung der Bewunderung und des Schreckens gegenüber dem Mitleiden; weil nämlich die erstere Vollkommenheiten zu ihrem Gegenstande habe, müsse sie schon an und für sich und ohne Absicht auf ein Mitleiden, das die bewunderte Person errege, ein Vergnügen zu Wege bringen, und so könne auch jede Jllusion vom Schrecken auch ohne Beihülfe des Mitleidens angenehm sein, was durch das aristotelische Beispiel der gemalten Schlange erhelle.

Hierdurch wird Lessing genöthigt, seine Meinung tiefer zu begründen, und richtet sich nun entschieden gegen die durch die französischen Dramatiker eingebürgerte Auffassung, als liege die Aufgabe der tragischen Dichtung allein in der Erregung von Bewunderung, welche vielmehr nur dem Epos zustehe, und in der Tragödie blos als Ruhepunkt des Mitleidens eine Stätte finde. Wer möchte verkennen, wie bewußt schon hier der Polemik vorgearbeitet wird, durch welche später die Hamburgische Dramaturgie den französischen Kothurn niederreißen sollte? Denn nicht um das spitzfindige Operiren mit psychologischen Begriffen, welche bei Mendelssohn freilich in den Vordergrund treten, war es Lessing zu thun, sondern um die lebendige Anwendung auf dem Gebiete der Kunst, aus welcher er das französische allein auf Bewunderung gebaute Trauerspiel verbannen wollte, um statt seiner die, das Mitleid zum Zweck habende, rührende, bürgerliche Tragödie einzuführen, welcher er selbst in seiner Miß Sara Sampson die Bahn gebrochen hatte.

Mendelssohn nun, zwischen welchem und Lessing

allein von jetzt an der Streit fortgeführt wurde, hatte sich in den Hauptpunkten gefangen gegeben, aber noch einige andere streitige Punkte offen gelassen. So berief er sich auf die ästhetische Illusion, über die er und Nicolai einen Aufsatz geschrieben hatten, von dem nur ein Fragment sich noch vorfindet (Schr. IV. 1, S. 44—45.). Die Kunst solle auch in dem Trauerspiel eine Nachahmerin der Natur werden; keine einzige Leidenschaft dürfe vom Theater ausgeschlossen bleiben, denn sobald sie nur anschauend von der Vortrefflichkeit der Nachahmung überzeugen könne, so verdiene sie auf der Bühne nachgeahmt zu werden.

Das Vergnügen an den schönen Gegenständen leitet er aus der Illusion ab, dies jedoch, ohne sich mit dem hergebrachten Begriffe derselben, wonach die Gegenstände als wirkliche erscheinen, einverstanden zu erklären, vielmehr erscheinen diese als dem Urbilde ähnlich. Lessing, der sich mit dieser, immerhin nach dem französischen Drama schmeckenden Ansicht nicht befreunden kann, greift die Illusion als Quelle des Vergnügens am Schönen an, und entwickelt seinem Freunde gegenüber die ihm eigenthümliche allgemeine Theorie, welche den ästhetischen Genuß daraus erklärt, daß der Genießende bei Wahrnehmung des Eindrucks, den die Gegenstände in ihm hervorrufen, von ihnen selbst als wirklichen völlig abstrahirt.

Allerdings lehnt sich hiermit Lessing an den auch von Nicolai zum Ausgangspunkte genommenen Abbé Dubos an, welcher in seinem schon angeführten Werke den Grundsatz aufgestellt hatte, daß die Kunst Wohlgefallen errege, auch wo sie unangenehme Eindrücke

hervorrufe, weil mit diesen doch ein lebhaftes Gefühl
unsres Daseins verbunden sei, betont aber in einem
Brief an Nicolai, daß wenn dies, was Dubos ge=
sagt, kein leeres Gewäsche sein solle, es etwas philo=
sophischer ausgedrückt werden müsse.

Diese tiefere Wendung nun hatte er selbst schon
gefunden und in einem Schreiben an Mendelssohn
ausgesprochen, indem er Dubos so weit zustimmt,
daß wir uns bei einer jeden Leidenschaft eines
größeren Grades unsrer Realität bewußt seien, und
daß dieses Bewußtsein immer eine angenehme Be=
wegung herbeiführe, setzt aber gleich hinzu: „Ihnen
darf ich es aber nicht erst sagen, daß die Lust, die
mit der stärkeren Bestimmung unsrer Kraft verbun=
den ist, von der Unlust, die wir über die Gegen=
stände haben, so unendlich kann überwogen werden,
daß wir uns ihrer gar nicht bewußt sind."

Von Nicolai, der die Dubos'sche Theorie ohne
Weiteres acceptirt hatte, war diese Schwierigkeit nicht
bedacht worden und er deßhalb in eine geistlose
Phraseologie verfallen; Lessing aber verstand den
Knoten zu schürzen, indem er die volle Intensität
des Gefühles beim Genusse der künstlerischen Pro=
ductionen hervorhob, wobei denn natürlich die Illu=
sion als Princip verschwinden mußte. Der ästhetische
Genuß und alle Kunst ist ja in der Fähigkeit be=
gründet, den Eindruck des Gegenstandes in seiner
vollen Stärke rein für sich zu nehmen, und von der
Realität desselben absehend, auf unsre persönliche,
durch ihn erhöhte Realität wirken zu lassen.

Die Empfindung der Unlust ist eine unange=
nehme, sobald sie unmittelbar an der eigenen Person

erfahren wird; wird sie aber in unsre Innerlichkeit durch das heitere Spiel der Kunst hineinreflectirt, so ist sie eine angenehme, da sie dann nur als A f f e c t empfunden wird und jeder Affect angenehm ist: ein Satz, welchen er durch das fein gewählte Beispiel zweier gleichgestimmter Saiten illustrirt.

Nachdem Lessing nun noch sein Verhältniß zu Aristoteles dargelegt, indem er gegenüber einer schwankenden Uebersetzung endlich den Begriff φόβος als „Furcht" (statt „Schrecken") feststellte und in ächt sittlicher und wahrhaft ästhetischer Fassung das mißbrauchte Mitleid in ein **Mitfühlen** verwandelte, lag es in seinem Vorhaben, die discutirten Gegenstände in einem besonderen Buche für Mendelssohn ausführlich zu behandeln, kam aber für jetzt nicht dazu. Auch hörte die Correspondenz damit auf, daß Nicolai und Mendelssohn, allerdings in nicht erschöpfender Weise, die streitigen und ausgemachten Punkte in einer Tabelle*) zusammenstellten.

Indessen war diese Controverse, vermöge der ihr gewidmeten gründlichen Erörterung und vermöge der weiteren, durch sie gegebenen Anregung von den fruchtbarsten Folgen, sowohl für Lessing als auch für Mendelssohn. Dieser bedauert es, daß er den vortrefflichen Satz, daß jede Leidenschaft immer eine Realität sei, noch nicht gekannt habe, als er die Briefe über die Empfindungen geschrieben, und gesteht selbst den Nutzen, den er aus diesen Verhandlungen gezogen: „Wir führen Kriege, lieber Lessing, die ohne

---

*) Mendelssohns Schr. V, 93—103.

Ihren Schaden für mich sehr vortheilhaft sind." Diese Förderung wird weiterhin hervortreten; zunächst mag der wichtige Umstand notirt werden, daß er auch in Lessing durch eine Berufung auf Winckelmanns Abhandlung von der Nachahmung der Werke der Griechen und eine gelegentliche Hindeutung auf Laokoon*), „welchen Virgil poetisch entworfen und ein griechischer Künstler in Marmor gehauen hat", die Keime zu einer für die Literatur so epochemachenden Gedankenfolge legte.

Es ist keine Schmeichelei, die ja Lessing überhaupt fremd war, wenn dieser seinem Freunde seine wissenschaftliche Hochschätzung in den verbindlichsten Worten ausdrückt: „ich bitte Sie, alles zu überdenken, zu prüfen und zu verbessern, so ist es eben das, als ob ich es selbst nochmals überdacht, geprüft und verbessert hätte. Ihre besseren Gedanken sind weiter nichts, als meine zweiten Gedanken"**) und in einem anderen Briefe (V, 51) „ich will meine Gedanken von Ihnen geprüft, nicht gelobt haben. Ich sehe Ihren ferneren Einwürfen mit dem Vergnügen entgegen, mit dem man der Belehrung entgegensehen muß."

Die bleibendste und gereifteste Frucht aber, welche für Mendelssohn aus dem in dem ästhetischen Briefwechsel gestreuten Samen aufschoß, liegt uns in der trefflichen Abhandlung vor, welche die deutsche Bi=

---

*) In einem Briefe vom Dec. 1758 ohne näheres Datum V, 58.
**) V, 42.

bliothek unter dem Titel „Von den Quellen und Verbindungen der schönen Künste" im Juni 1757 brachte und die später anders, nämlich „Ueber die Hauptgrundsätze der schönen Künste und Wissenschaften" benannt, sich den philosophischen Schriften anreihte.

Auch hier ist sein Hauptaugenmerk auf jene früher gekennzeichnete Verschmelzung Wolff'scher und Baumgarten'scher Theorien mit den Sätzen der Engländer gerichtet, worauf gleich im Anfange die Wendung nach einer psychologischen Fassung hinweist: „In den Regeln der Schönheit, die das Genie des Künstlers empfindet und der Kunstrichter in Vernunftschlüsse auflöst, liegen die tiefsten Geheimnisse unsrer Seele verborgen; jede Regel der Schönheit ist zugleich eine Entdeckung in der Seelenlehre, denn da sie eine Vorschrift enthält, unter welchen Bedingungen ein schöner Gegenstand die beste Wirkung in unser Gemüth thun kann, so muß sie auf die Natur des menschlichen Geistes zurückgeführt und aus dessen Eigenschaften erklärt werden können."*)

Obwohl nun diese Arbeit eine bloße ästhetische

---

*) Wie sehr übrigens Mendelssohn immer auf den schaffenden künstlerischen Geist zurückgeht und einer geistlos frostigen Auffassung gegenüber die secundäre Stellung der Regeln betont, zeigt sich, wie in einer bereits berührten Stelle in den Briefen, auch darin, daß er einmal (im 60. Literaturbriefe) gegen Sulzer, welcher die Muster der Alten als unnachläßliche Norm für den Dichter hingestellt hatte, mit der Hinweisung auf Shakespeare Front macht und daran die Bemerkung knüpft, daß das Genie den Mangel der Exempel ersetzen könne, aber der Mangel des Genies unersetzlich sei (Schriften IV, 1. 570.)

Studie sein und nur Grundlinien und Grundsätze der schönen Künste, nicht aber ein fertiges System geben sollte (denn er sagt ja selbst: „ich habe weder den Willen noch die Fähigkeit, ein ganzes Lehrgebäude aufzuführen, und bin zufrieden, wenn ich nur die ersten Grundlinien eines Lehrgebäudes mit einiger Richtigkeit gezeichnet habe"), so bildet sie doch eine der wichtigsten und folgenreichsten Erscheinungen der vorkantischen Aesthetik.

Man mag sich, wie Hettner sagt (Lit.-Gesch. des 18. Jahrhunderts III, 2. S. 219), wundern, daß Mendelssohn, welcher weder geschichtliche Kunstkenntnisse noch überhaupt ein tiefes innerliches Verhältniß zur Kunst hatte, gleichwohl manchen Blick in künstlerische Stilfragen gethan hat, die sowohl der deutschen wie der englischen Aesthetik damals noch durchaus fremd waren, allein dies doch nur, wenn man von der gewöhnlichen Betrachtungsweise ausgeht, und die eigenthümliche Fähigkeit dieses Mannes verkennt, der zu Folge er nach unsrer Auffassung die ihm inmitten der geistigen Entwicklung des vorigen Jahrhunderts vindicirte Stellung einnimmt.

Um nun näher auf die Sätze, welche in dieser Abhandlung als die Brennpunkte erscheinen, einzugehen, so hatte Mendelssohn noch in dem Briefwechsel dem kritisch sichtenden und die Grenzlinien in der Kunst ziehenden Lessing die Frage entgegengeworfen, worauf sich diese eingebildete Grenzscheidung gründe; in Ansehung der Werke der Natur habe man in den letzten Jahrhunderten ausgemacht, daß sie von ihrer Meisterin in keine besonderen und getrennten Klassen eingetheilt seien; warum wolle man die Kunst nicht auch hierin eine nachahmende Natur werden laſſen? Jetzt aber zeigte es ſich, wie fruchtbringend dieſe Discuſſion überhaupt ſein ſollte, und wie er die von Leſſing gemachten Andeutungen auszunutzen und philo= ſophiſch zu begründen verſtand, ſodaß hinwiederum Leſſing bei einer ſeiner gewichtigſten literariſchen Actionen auf ihn recurriren konnte.

Das Princip, welches der Franzoſe Batteux und nach ihm ſein Ueberſetzer Ramler für die Kunſt auf= geſtellt hatten, der Grundſatz von der Nachahmung der Natur, welchem er ſich noch kurz zuvor ange= ſchloſſen hatte, wird jetzt als ein unfruchtbarer ver= worfen und in ſeiner Unzulänglichkeit aufgedeckt. Unſre Empfindungen nämlich werden jederzeit von einem beſtimmten Grade des Wohlgefallens begleitet, und aus dem Grundvermögen der Seele zu lieben und zu verabſcheuen, müſſen ſich alle verſchiedenen Grade und Veränderungen dieſes Wohlgefallens und Mißfallens, alle unſre Vergnügen und Leidenſchaften erklären laſſen. Kann nun den ſchönen Künſten und Wiſſenſchaften die Gewalt, unſre Leidenſchaften zu beherrſchen, nicht abgeſprochen werden, ſo müſſen ſie alle in dieſes Grundvermögen unſrer Seele auf ver= ſchiedene Weiſe wirken und die geheimſten Triebfedern deſſelben in Bewegung ſetzen können.

Auf die Frage, was alle Productionen des künſt= leriſchen Geiſtes in ſeinen verſchiedenen Formen und Arten gemein haben, dadurch ſie zu einem einzigen Endzwecke übereinſtimmen können, würde nach Batteux die Antwort darin liegen, daß die Nachahmung der Natur das einzige Mittel ſei, unſrer Seele zu ge= fallen, und ſich dieſelbe demnach als gemeinſames

Grundprincip der Künste ergeben. Gefällt denn aber nicht auch die Natur, ohne nachzuahmen, und was für Mittel hat der allerhöchste Künstler angewandt, um uns in dem Urbilde zu gefallen? Wir müssen vielmehr die ursprünglichsten Naturgesetze aufsuchen, zu den Typen (den Ideen) der Dinge zurückgehen, und in der Natur eine Auswahl treffen, die Gegenstände unterscheiden wollen, die nachgeahmt zu werden verdienen.

Es gestaltet sich demnach die Frage allgemeiner so: Was haben die Schönheiten der Natur und der Kunst gemein, welche Beziehung haben sie auf die menschliche Seele, dadurch sie ihr wohlgefallen? Denn wenn das Wohlgefallen an der Schönheit ursprünglich in den Menschen gesetzt ist, so muß auch seine Seele eine solche Beschaffenheit haben, daraus dieses Wohlgefallen natürlich fließt und sich verständlich erklären läßt. Ein jeder Begriff der Vollkommenheit nun, der Uebereinstimmung und des Unfehlerhaften wird von unsrer Seele dem Mangelhaften, dem Unvollkommenen und Mißhelligen vorgezogen, und dieses ist der erste Grad des Wohlgefallens und Mißfallens, welche wechselsweise alle unsre Vorstellungen begleiten. Ist nun die Erkenntniß dieser Vollkommenheit sinnlich, so wird sie Schönheit genannt, welches die Briefe über die Empfindungen näher ausführen. Alles deshalb, was den Sinnen als eine Vollkommenheit vorgestellt zu werden fähig ist, kann auch einen Gegenstand der Schönheit abgeben.

„Wir haben nunmehr das allgemeine Mittel gefunden, dadurch man unsrer Seele gefallen kann, nämlich die sinnlich vollkommene Vorstellung. Und da der Endzweck der schönen Künste ist, zu gefallen, so können wir folgenden Grundsatz als ungezweifelt voraussetzen: das Wesen der schönen Künste und Wissenschaften besteht in einer künstlichen, sinnlich vollkommenen Vorstellung, oder in einer durch die Kunst vorgestellten sinnlichen Vollkommenheit."*) Nun aber kann die ästhetische Vorstellung sinnlich vollkommen sein, obgleich ihr Object in der Natur weder gut noch schön sein würde, was sich aus der Theorie von den gemischten Empfindungen ergibt, welche in den Briefen berührt und in der Rhapsodie eingehend abgehandelt werden. So oft daher Werke der Kunst ein Vorbild in der Natur haben, das sie nachahmen, so wird dieses Vorbild selbst an und für sich sowohl unangenehm als angenehm sein, und in beiden Fällen in der Nachahmung Wohlgefallen erregen können.

Nun stimmen alle Theile einer richtigen Nachahmung zu dem gemeinsamen Endzwecke überein, ein gewisses Urbild ähnlich vorzustellen, weshalb jede Nachahmung schon an sich den Begriff einer Vollkommenheit mit sich führt. Da aber die Aehnlichkeit mit dem Urbilde nur eine einfache Vollkommheit ist, so erregt sie auch nur einen sehr geringen Grad der Lust, der öfters kaum merklich ist, und nur, so zu sagen, die Oberfläche unsrer Seele berührt. Hinzu jedoch tritt in den Nachahmungen der Kunst die Vollkommenheit des Künstlers, die wir in ihnen wahrnehmen; denn alle Werke der Künste sind sicht-

---

*) Schr. I, 285.

bare Abdrücke von den Fähigkeiten ihres Schöpfers, die uns seine ganze Seele anschauend zu erkennen geben, welche Vollkommenheit des Geistes eine ungemein größere Befriedigung gewährt, als die bloße Aehnlichkeit, weil sie würdiger und weit complicirter ist als jene.

Das Genie erfordert eine Vollkommenheit aller Seelenkräfte und eine Uebereinstimmung derselben zu einem einzigen Endzwecke. Darum müssen uns die Kennzeichen desselben, die eine Meisterhand über die Werke der Kunst ausstreut, ungleich mehr vergnügen, als die Kennzeichen der Geduld und Uebung, die zum Fleiße erfordert werden.*) Die Eigenschaften des nachzuahmenden Naturobjectes müssen in die Augen fallen d. h. charakteristisch und wirksam sein, weßhalb ein großer Theil, z. B. die gleichgültigen Naturgegenstände, von der Nachahmung ausgeschlossen ist. Hingegen muß das Nachbild durch die Kunst alle Erfordernisse eines schönen Gegenstandes vereinigen. Diese reiht Mendelssohn nach dem Gesichtspunkte der Briefe aneinander, auch jene aristotelische Forderung berücksichtigend, wonach das Schöne die bestimmten Grenzen der Größe nach beiden Seiten hin nicht überschreiten darf.

Aus dieser Bestimmung erhellt bei dem principiellen Unterschiede der Kunst und der Natur, in welchem Falle es der Kunst zukomme, die Natur zu verlassen und die Gegenstände nicht völlig so nachzubilden, wie sie im Urbilde anzutreffen sind. In

---

*) Vergl. die Recension Sulzer's IV, 1. 569 ff.

dem unermeßlichen Plane der Natur ist die Schönheit der äußeren Formen nur ein sehr verschwindendes Moment, und mit Recht zieht Mendelssohn die weitere Consequenz, daß der eingeschränkte uns in die Sinne fallende Raum der Natur nothwendig nicht alle Qualitäten der idealischen (Kunst=) Schönheit erschöpfen könne.

Der menschliche Künstler wählt sich einen seinen Kräften angemessenen Umfang, indem sein ganzes Bestreben dahin gehen muß, die in die Sinne fallenden Schönheiten in einem eingeschränkten Bezirke darzustellen; in diesem aber kann er den ästhetischen Gesichtspunkt so vorwalten lassen d. h. die sinnliche Vollkommenheit so concentriren, daß er den idealischen Schönheiten näher zu kommen vermag, als die Natur, weil ihn ja keine höheren Absichten zu Abweichungen veranlassen. Er wird demnach einen gewissen Gegenstand so abbilden, wie ihn Gott geschaffen haben würde, wenn die sinnliche Schönheit sein höchster Endzweck gewesen wäre; denn dieses ist die vollkommenste idealische Schönheit, die in der Natur nirgends anders als im Ganzen anzutreffen, und in den Werken der Kunst vielleicht nie völlig zu erreichen ist. —

Allerdings ist in der Art und Weise, wie dieser Gedanke formulirt wird, immer noch ein Nachgeschmack Wolff'scher Philosophie zu bemerken, in welcher die Schönheit eine untergeordnete Rolle spielt, aber auch nur im Ausdrucke, nicht in der Sache selbst, und Hettner urtheilt sehr oberflächlich, wenn er deßhalb meint, die ganze Grundanschauung dieser Abhandlung wesentlich nur als auf die Begründung und Vertheidigung eines hohlen Idealismus gerichtet bezeichnen zu dürfen, besonders auch, weil der Charakter Grandisons als bewunderungswürdigstes Meisterstück der Dichtkunst gepriesen werde. Dieses Letztere ist aber keineswegs der Fall, sondern es ist diese Figur aus Richardson's Roman nur als ein, immerhin schlecht gewähltes, Beispiel aufzufassen, welches den Satz illustriren soll, daß sich der Künstler über die gemeine Wirklichkeit erheben d. h. die Natur verschönern müsse.

Man muß eben im Geiste Mendelssohns interpretiren und den Zusammenhang der Anschauungen maßgebend sein lassen, nicht aber einen einzelnen Satz als Beleg für die eigene subjective (diesmal sehr bequeme) Kritik herausheben wollen. Für Hettner, dessen sonst der Popularphilosophie und speciell Mendelssohn günstiges Raisonnement sich mitunter stark der Phraseologie nähert, scheint jene Stelle der Briefe über die Empfindungen nicht vorhanden zu sein, worin scharf zwischen der Moralität des Lebens und der theatralischen Sittlichkeit geschieden wird, besonders aber scheint derselbe den bemerkenswerthen Aufsatz über die Idealschönheit in den schönen Wissenschaften*) ungelesen gelassen zu haben, welcher gerade das Gegentheil von dem ausführt, was der Literarhistoriker des 18. Jahrhunderts aus einem einzigen passus heraus- oder vielmehr hineinkritisirt und mit „hohlem Idealismus"

---

*) Es ist der 66. Literaturbrief vom 8. Nov. 1759. M's. ges. Schr. IV. 1. S. 579 ff.

treffend zu benennen glaubt. Man ziehe zur Vergleichung nur einige Sätze herbei: „Es scheint seltsam, daß die vollkommenste Tugend, diese unendliche Schönheit der Seele, dem Maler des Geistes nicht eben das Urbild sein sollte, was die vollkommenste Schönheit der Figuren für den Maler der Körper ist, und warum von dem Dichter ausdrücklich eine Vermischung von moralisch Bösem gefordert wird. In allen schönen Künsten ist das Idealschöne am allerschwersten zu erreichen; die vollkommen tugendhaften Charaktere aber machen dem Dichter die wenigsten Schwierigkeiten. Ich weiß, daß Richardson mit seinem vollkommenen Grandison (!) leichter fertig geworden, als mit seiner Clementina u. s. w. und ich schließe, daß die Dichtkunst als schöne Kunst betrachtet eine ganz andere Idealschönheit habe, als die sittliche Vollkommenheit der Charaktere. Wenn ich die Wahl hätte, wollte ich freilich lieber der fromme Aeneas, der strenge Cato des Addison, als der jähzornige Achilles oder der eifersüchtige Othello sein; — aber erdichtet haben? auf diese Frage würde ich mich zum Besten der Letzteren erklären: sie kommen der poetischen Idealschönheit näher, sie sind in ihrer Art vollkommen." —

Genug, Mendelssohn hat sich einer moralisirenden Aesthetik gegenüber zu dem Satze erhoben, daß der höchste Endzweck der menschlichen Kunst die Schönheit selbst ist, und die Kunst tritt hiermit in eine selbständige und würdige Stellung zur Natur, von der sie nun nicht mehr abhängig gemacht werden kann, sondern über die sie hinausgeht. Dadurch ist die rein naturalistische Auffassung durchbrochen und der durch Winckelmann — zu dem Moses in inniger Beziehung steht — begründete

Idealismus in der Kunst erreicht: seine Schönheit ist Ideal, seine Kunst keine Nachahmung, sondern eine Vollendung der Natur.*) In dieser Feststellung des Gegensatzes zwischen Natur und Kunst trifft mit ihm auch Lessing zusammen, wie noch aus einer Stelle in der Hamburgischen Dramaturgie (VII, 316. Ausg. v. Lachmann) hervorgeht.

Nachdem so ein falsches ästhetisches Princip gestürzt und der oberste Grundsatz für die Kunst fixirt ist, geht Mendelssohn von dem allgemeinen ersten Theile zu dem speciellen zweiten über und wendet sich zu der Eintheilung der schönen Künste in ihre besonderen Klassen. Diese beruht auf dem Gegensatze der **natürlichen** und der **willkürlichen Zeichen**, welche als Ausdrucksmittel für ein darzustellendes Object sich darbieten. Natürliche sind sie, wenn die Verbindung des Zeichens mit der bezeichneten Sache in den Eigenschaften des Bezeichneten selbst gegründet ist; derselben wird sich bedient, wenn eine Gemüthsbewegung (Leidenschaft) durch die ihr zukommenden Töne, Geberden und Bewegungen ihren Ausdruck findet. Hingegen werden diejenigen Zeichen willkürliche genannt, die vermöge ihrer Natur mit der bezeichneten Sache nichts gemein haben, aber doch

---

*) Auch Leibnitz betrachtet die Kunst nicht als eine rein mechanische, sondern als eine ideale schöpferische Nachahmung der Natur, und Mendelssohn trifft mit seiner Unterscheidung von Natur und Kunst Batteux gegenüber, ebensosehr den Geist der Leibnitzischen Anschauungen, wie er früher, auf diese zurückgehend, gegen Baumgarten die Schönheit von der Vollkommenheit geschieden hatte. Vergl. Kuno Fischer a. a. O., S. 395 ff.

willkürlich dafür angenommen sind; als solche treten uns die articulirten Töne aller Sprachen und deren Bilder, die Buchstaben entgegen.

Hieraus fließt die erste Haupteintheilung des sinnlichen Ausdrucks in schöne Künste und Wissenschaften (beaux arts et belles lettres); den Inhalt der letzteren bilden die Dichtkunst und die Eloquenz. Für die Poesie wird der weiteste Umfang und somit der höchste Rang in Anspruch genommen, denn ihr Stoff liegt in dem unbegrenzten Reiche der Anschauungen, Empfindungen und Gedanken. „Alle möglichen und wirklichen Dinge können durch willkürliche Zeichen ausgedrückt werden, sobald wir einen klaren Begriff von ihnen haben; daher erstreckt sich das Gebiet der schönen Wissenschaften auf alle nur ersinnlichen Gegenstände. Der Dichter kann alles ausdrücken, wovon sich unsre Seele einen klaren Begriff machen kann. Alle Schönheiten der Natur in Farben, Figuren und Tönen, die ganze Herrlichkeit der Schöpfung, der Zusammenhang des unermeßlichen Weltgebäudes, die Rathschlüsse Gottes und seine unendlichen Eigenschaften, alle Neigungen und Leidenschaften unsrer Seele, unsere subtilsten Gedanken, Empfindungen und Entschließungen können der poetischen Begeisterung zum Stoffe dienen."

Den schönen Künsten aber, deren Ausdrucksformen die natürlichen Zeichen sind, werden durch den Begriff derselben bestimmte Grenzen gezogen, da eine jede Kunst sich mit dem Theile der natürlichen Zeichen begnügen muß, den sie sinnlich auszudrücken vermag. Nach den verschiedenen Arten derselben nun, welche von den beiden obersten Sinnen als deren

Organen percipirt werden, zerfallen die schönen Künste in ihre Unterarten, **Musik** und **darstellende (bildende) Künste**.

Die Musik erschließt uns die Schönheiten der Töne, deren mannichfaltige Theile sie entweder in der Folge auf einander durch Aneinanderreihen einfacher Töne zu einer **Melodie**, oder in der Folge nebeneinander durch das Zusammenklingen der Töne zu einem wohlgestimmten Accorde (**Harmonie**) vorstellen kann. In gleicher Weise können die natürlichen Zeichen, welche auf das Gesicht wirken, in der Folge nach oder neben einander vorgestellt werden, d. h. entweder die Schönheit durch **Bewegung** oder durch **ruhende Formen** ausdrücken.

Daraus ergibt sich wieder eine Unterabtheilung: die darstellenden (für das Auge schaffenden) Künste scheiden sich in solche, welche uns die Schönheit der Bewegung und in solche, welche uns die ruhende Schönheit vorführen, in **Tanzkunst** und **Mimik**, und in die **bildenden Künste im engeren Sinne** (Malerei, Sculptur, Architectur), deren Begriff und Zweck Mendelssohn in wenigen Strichen umschreibt. Nachdem er die Schönheiten, welche durch diese ihren Ausdruck finden, aufgezählt hat,*)

---

*) Diese sind das Genie und die Gedanken in der Erfindung und Zusammensetzung, die Uebereinstimmung in der Anordnung, die Nachahmung der schönen Natur in der Zeichnung, eine reiche Mannigfaltigkeit von schönen Linien und Figuren, die Lebhaftigkeit der Localfarben, die Harmonie ihrer Schattirung und die Wahrheit und Einheit in der Austheilung des Lichts und Schattens, der Ausdruck der menschlichen Neigungen und

zieht er die Grenzlinien dieser Künste gegenüber den schönen Wissenschaften so bestimmt, daß, wenn er dieselben scharf und klar innegehalten hätte, schon durch ihn das so lange mißverstandene „ut pictura poësis" des Horaz, sowie jene „blendende Antithese" des Simonides, deren Sturz der bleibende Gewinn ist, welchen die moderne Aesthetik aus Lessings Laokoon gezogen, beseitigt worden wäre.

„Da der Maler und Bildhauer", heißt es, „die Schönheiten in der Folge neben einander ausdrücken, so müssen sie den Augenblick wählen, der ihrer Absicht am günstigsten ist. Sie müssen die ganze Handlung in einem einzigen Gesichtspunkte versammeln und mit vielem Verstande austheilen. Alles muß in diesem Augenblicke so gedankenreich und so voller Bedeutung sein, daß ein jeder Nebenbegriff zu der verlangten Bedeutung das Seinige beitrage. Wenn wir ein solches Gemälde mit gehöriger Aufmerksamkeit anschauen, so werden unsre Sinne auf einmal begeistert; alle Fähigkeiten unsrer Seele werden plötzlich rege, und die Einbildungskraft kann aus dem Gegenwärtigem das Vergangene errathen und das Zukünftige vorher ahnen." Aber nach dieser richtigen Trennung setzt er gleich hinzu: „man muß gestehen, daß diese Grenzen öfters in einander laufen, ja, daß sie vermöge der Regel von der zusammengesetzten Schönheit öfters in einander laufen müssen".

Leidenschaften, die geschicktesten Stellungen des menschlichen Körpers, und endlich die Nachahmung der natürlichen und künstlichen Dinge überhaupt, die durch sichtbare Bilder in das Gedächtniß zurückgebracht werden können. Schr. I, 294.

Wir werden uns auch hier nicht täuschen, wenn wir diesen Mangel an Folgerichtigkeit, welcher in der Verwirrung der treffend gezogenen Grenzlinien hervortritt, aus der früher charakterisirten An- und Abhängigkeit erklären: es macht sich hier der schwerwiegende Einfluß Winckelmanns geltend, mit dessen Studium sich Mendelssohn eifrig beschäftigte, und welcher in der Theorie noch ganz auf dem Boden der Breitinger'schen Aesthetik stand, die bekanntlich jener Verwischung des Unterschiedes zwischen Poesie und Malerei einen wissenschaftlichen Ausdruck verliehen hatte.

Allerdings wird vor Uebertreibung gewarnt und es dem Tacte des Künstlers anheimgegeben, diese Ausschweifung aus einem Gebiete in das andere mit großer Behutsamkeit zu behandeln, und es ist die kurze Anwendung, die auf die Dichtkunst gemacht wird, noch am wenigsten verfänglich. Aber in den Bemerkungen über die Malerei zeigt sich Mendelssohn ganz als gehorsamen Schüler Winckelmanns, welcher in seiner Erstlingsschrift es als wahrscheinlich gefunden hatte, „daß die Malerei ebenso weite Grenzen, als die Dichtkunst haben könne, und daß es folglich den Malern möglich sei, dem Dichter zu folgen, wie es die Musik im Stande sei zu thun," und der auch späterhin, wie seine 1766 zu Rom verfaßte Schrift über die Allegorie zeigt, diesen Gesichtspunkt beibehielt, gegen welchen Lessing seine berühmte, scharfschneidende Kritik richtete.

Der Einwirkung Winckelmanns also ist hier das Irregehen unsres Philosophen zuzuschreiben, und es ist nur eine Ausführung und Paraphrasirung von dessen Gedanken, wenn Mendelssohn (I, 295) sagt: „Es ist ausgemacht, daß sich die Malerei nicht blos mit solchen Gegenständen beschäftigt, die an und für sich selbst sichtbar sind. Auch die allersubtilsten Gedanken, die abgezogensten Begriffe können auf der Leinwand ausgedrückt und durch sichtbare Zeichen in's Gedächtniß zurückgebracht werden. Hierin besteht das große Geheimniß, mit dem Aristides die Seele zu schildern und für den Verstand zu malen. Der Künstler kann dieses auf verschiedene Weise verrichten: er kann mit dem Fabeldichter eine gewisse allgemeine Maxime, einen abgezogenen Begriff auf ein besonderes Beispiel zurückführen und dadurch den subtilen Gedanken lebendig und anschauend vorstellen. Eine andere Art, die Gedanken zu malen, kann vermittelst der Allegorie ausgeführt werden. Man sammelt die Eigenschaften und Merkmale eines abstracten Begriffs und bildet sich daraus ein sinnliches Ganze, das auf der Leinwand durch natürliche Zeichen ausgedrückt werden kann."

Eine Reihe einzelner Beispiele müssen dazu dienen, dieses Allegorisiren plausibel zu machen, und es ist wenig damit geholfen, da ja einmal die Sache selbst vertheidigt wird, daß er doch ein Bedenken gegen allzugroße Spitzfindigkeit in den Allegorien (auch Winckelmann hierin rügend) ausspricht. Die Beschaffenheit des Zeichens soll immer in der Natur des Bezeichneten gegründet sein, und wir müssen diese Uebereinstimmung mit so leichter Mühe einsehen können, daß wir mehr an die bezeichnete Sache gedenken, als an das Zeichen. Rechnen wir Mendelssohn diesen Umstand nicht zu sehr an! Er war

der Mann nicht, die ganze „Allegoristerei" aus der
Kunst zu verbannen, aber eine umfassende und leben=
dige Kunstanschauung würde ihn gewiß zu einem
anderen Urtheile geführt haben, als dem, wozu er sich
durch eine fremde Autorität hatte verleiten lassen.
Der Rest der Abhandlung beschäftigt sich mit
der Verbindung zweier oder mehrerer Künste mit=
einander, für welche die Regeln aus der Natur der
zusammengesetzten Vollkommenheiten abzuleiten sind.
Wir können darüber hinweg gehen, da die diesen
Punkt betreffenden Erörterungen von keinem weiteren
Belange sind. Als die schwerste und fast unmögliche
Combination aber erscheint es ihm, wenn Künste,
welche Schönheiten in der Folge nebeneinander vor=
stellen, mit solchen, welche Schönheiten in der Folge
aufeinander vorstellen, vereinigt werden sollen. Hierfür
hat sich allein die Natur das Geheimniß vorbehal=
ten, welche in ihrem unermeßlichen Plane die Schön=
heiten der Töne, Farben, Bewegungen und Figuren
durch unendliche Zeiten und grenzenlose Räume in
der vollkommensten Harmonie verbindet; während die
menschliche Kunst die Malerei, Sculptur und Archi=
tectur mit Musik und Tanzkunst nur sehr uneigent=
lich zu verknüpfen vermag.

Mendelssohn fühlt am Schlusse selbst, daß er
seinen Gegenstand bei Weitem nicht erschöpft habe
und daß seine Materie noch ungemein fruchtbar sei,
aber die Wendung der Bescheidenheit, mit der er
abbricht, auf einen größeren Kunstrichter hinweisend,
muß ihm zur großen Ehre auch bei denen gereichen,
welche geneigt sind, ihm die Anlage zu ästhetischer
Kritik und Betrachtung, wenn nicht völlig ab=, doch

in sehr geringem Grade zuzusprechen. Indessen sollte diese Arbeit vermöge der neuen in ihr ausgesprochenen Ideen eine größere Wichtigkeit erlangen, als der Verfasser selbst hoffen mochte, indem Lessings kritischer Genius der hierdurch gewonnenen sicheren Resultate sich zu einer seiner bedeutendsten Schöpfungen, als deren Vorläufer sie deßhalb angesehen werden muß, bedienen konnte.

Schon Manso urtheilte so in den Nachträgen zu Sulzers allgemeiner Theorie der schönen Künste (Bd. VIII. 1, S. 175) und Guhrauer in seiner verdienstvollen Fortsetzung der Danzel'schen Lessingbiographie folgt ihm hierin und erklärt diese Abhandlung für die wichtigste Leistung auf ästhetischem Gebiete nach Baumgarten, da sie ein wichtiges Mittelglied in der Entwicklung der Ideen bilde, deren reife Frucht uns im Laokoon dargeboten werde.

Lessing selbst nahm auch keinen Anstand, sich von seinem Freunde belehren zu lassen, wenn er ihn auch oft weit hinter sich ließ und in verschiedenen Punkten erheblich von ihm abweichen mußte; und in den Verbesserungen des Entwurfs aus Lessings Nachlaß (Werke, Ausg. von Lachmann XI. 140 ff.) tritt es klar hervor, wie angelegentlich er sich in dem ontologischen Theile des Laokoon um Uebereinstimmung mit Mendelssohn bemühte. Umgekehrt aber macht sich in den folgenden ästhetischen Arbeiten wieder der Einfluß Lessings geltend, von welchem Mendelssohn auf neue Gesichtspunkte geführt worden war.

Er wandte sich nun wieder dem Gebiete zu, von welchem er seinen Ausgang genommen hatte, denn sein eigentliches Feld war ja nicht die Kunstlehre selbst, sondern die psychologische Seite der Aesthetik. Darum kehrte er zurück zu den Erörterungen über die einzelnen Empfindungen, sowohl in ihrer den künstlerischen Willen bestimmenden Bedeutung, wie auch als Reflex und Wirkung des Kunstproductes in der Seele des empfangenden und genießenden Individuums sie betrachtend, indem er zunächst für zwei ästhetische Begriffe, deren Definitionen durch Longin und Baumgarten ihm unzulänglich erschienen, ein befriedigenderes System aufzurichten strebte.

In der chronologischen Bestimmung der Abhandlung "Ueber das Erhabene und Naive in den schönen Wissenschaften" müssen wir gegenüber Danzel Hettner Recht geben; sie wurde nach den Angaben, die sich im Briefwechsel mit Lessing finden, schon im Beginne 1757 geschrieben, bevor noch das berühmte Buch des Engländers Burke "A philosophical Enquiry into the Origin of our Ideas of the Sublime and Beautiful. London 1757" nach Deutschland gekommen war, welchem Mendelssohn in der Bibl. der sch. W. 1758 eine ausführliche Anzeige widmete und das ihn und Lessing zu eingehenden Untersuchungen veranlaßte.

Die Ideen, welche in diesem selbständig verfaßten Schriftchen ausgesprochen werden, verdanken ihr Dasein zum Theil der schriftlichen und mündlichen Einwirkung Lessings, welcher Mendelssohn die Anregung dazu gegeben hatte, und vermögen allerdings mit den tieferen Kantischen Begriffsbestimmungen den Vergleich nicht durchweg auszuhalten, waren aber in ihrer Gestaltung für die damalige Zeit völlig neu und von einem weitgreifenden Einfluß, den wir so=

wohl im Laokoon als auch noch in den ästhetischen Abhandlungen Schillers bemerken können. Neben der anmuthigen Klarheit und Lebendigkeit des Stiles, welchem Kant die größte Bewunderung zollte, und den er vergebens sich anzueignen strebte, gewährt es einen erheblichen Reiz, daß Mendelssohn in der Auswahl der Citate aus den Dichtern diesmal von dem feinsten und sichersten Geschmack geleitet wird, und ganz besonders beachtenswerth ist in dieser Hinsicht das Hervorheben Shakespeare's, von welchem er uns einige Stellen, namentlich den herrlichen Monolog Hamlets, in einer Uebersetzung*)

---

*) Wir schreiben dieselbe, welche wohl ganz vergessen sein dürfte, für die Freunde Mendelssohns heraus:
„Sein oder Nichtsein; dieses ist die Frage!
Ist's edler, im Gemüth des Schicksals Wuth
Und giftige Geschoß zu dulden, oder
Sein ganzes Heer von Qualen zu bekämpfen
Und kämpfend zu vergehn? — Vergehen? — Schlafen!
Mehr heißt es nicht. Ein süßer Schlummer ist's,
Der uns von tausend Herzensangst befreit,
Die dieses Fleisches Erbtheil sind. — Wie würdig
Des frommen Wunsches ist vergehen, schlafen! —
Doch schlafen? — Nicht auch träumen? Ach! hier liegt
Der Knoten; Träume, die im Todesschlaf
Uns schrecken, wenn einst dieses Fleisch verwest,
Sind furchtbar. Diese lehren uns geduldig
Des langen Lebens schweres Joch ertragen.
Wer litte sonst des Glückes Schmach und Geißel,
Der Stolzen Uebermuth; die Tyrannei
Der Mächtigen, die Qual verschmähter Liebe,
Den Mißbrauch der Gesetze, jedes Schalks
Verspottung der Verdienste mit Geduld?
Könnt' uns ein bloßer Dolch die Ruhe schenken,

vorführt, welche vollkommen musterhaft zu nennen ist und selbst mit der Schlegel'schen um den Vorzug ringen darf.

Lessing war außerordentlich von dieser Leistung seines Freundes befriedigt; "hier kommt Ihr Aufsatz vom Erhabenen wieder zurück. Ich wüßte auch nicht das Geringste dabei zu erinnern, ob ich ihn gleich mehr als einmal durchgelesen" sagt ein Brief vom 13. Aug. 1757. Wir vergegenwärtigen uns nur die Hauptpunkte und übergehen die mehr in's Einzelne einschlagenden Bemerkungen, die meist

> Wo ist der Thor, der unter dieser Bürde
> Des Lebens länger seufzete? — Allein
> Die Furcht vor dem, was nach dem Tode folgt,
> Das Land, von da kein Reisender zurück
> Auf Erden kam, entwaffnen unsren Muth.
> Wir leiden lieber hier bewußte Qual,
> Eh' wir zu jener Ungewißheit fliehen. —
> So macht uns alle das Gewissen feige!
> Die Ueberlegung kränkt mit bleicher Farbe
> Das Angesicht des feurigsten Entschlusses.
> Dies unterbricht die größte Unternehmung
> In ihrem Lauf und jede wicht'ge That
> Erstirbt. — — —"

Und wie vortrefflich weiß er an einer anderen Stelle den tragischen Ausbruch der Raserei Northumberlands wiederzugeben!

> — — "O hemme nicht, Natur,
> Den Lauf der wilden Fluth! Laß Ordnung sterben,
> Und diese Welt nicht länger eine Bühne sein,
> Wo Zwietracht ihre Roll' so schleppend spielt;
> Ein Geist des erstgebornen Kains herrsche
> In Aller Busen, sporne jedes Herz
> Zur Blutbegier! Zum Schluß des grausen Auftritts
> Begrabe Finsterniß die letzten Leichen!"

vortrefflich sind und von großem Kunstverständniß zeugen.

Das eigentlich Schöne hat seine bestimmten Grenzen, die es nicht überschreiten darf; wenn nun die Grenzen der Ausdehnung immer weiter gesetzt werden, so können sie endlich für die Sinne ganz verschwinden und alsdann entsteht das Sinnlichunermeßliche, dessen Nachahmung durch die Kunst das Große schlechthin ist, und von einer aus Schauer und Lust-gemischten Empfindung begleitet wird. So wie es aber ein Unermeßliches der ausgedehnten Größe nach gibt, ebenso gibt es ein Unermeßliches der Stärke nach.

Die Macht, das Genie, die Tugend haben ihr unausgedehntes Unermeßliche, das gleichfalls eine schauervolle Empfindung erregt, dabei aber den Vorzug hat, daß es durch keine ermüdende Einförmigkeit zuletzt in Sättigung und Ekel endet, wie bei dem Sinnlichunermeßlichen es gewöhnlich der Fall ist, daher ihm die Seele so gern nachhängt. Man nennt gemeiniglich das intensiv Große das Starke, und das Starke in der Vollkommenheit mit der besonderen Benennung des Erhabenen; man könnte deßhalb überhaupt sagen: ein jedes Ding, das dem Grade der Vollkommenheit nach unermeßlich ist oder scheint, wird erhaben genannt.

Die Empfindung, welche durch das Erhabene hervorgebracht wird, ist zusammengesetzt und gipfelt in einer einzigen Erscheinung, die wir Bewunderung nennen. Wollte man also das Erhabene nach seiner Wirkung beschreiben, so könnte man sagen, es sei das Sinnlichvollkommene in der Kunst, das Be=

wunderung zu erregen im Stande ist. Denn eine jede Vollkommenheit, die durch ihre Größe über unsre gewöhnlichen Begriffe geht, unsre Erwartungen übertrifft, oder gar alles übersteigt, was wir uns Vollkommenes denken können, ist ein Gegenstand der Bewunderung.

Diese, sowie die durch sie vorgestellte Vollkommenheit, kann in den Werken der schönen Künste und Wissenschaften von zweierlei Gattungen sein; sie bezieht sich entweder auf das Object, dessen Bewunderung dann die herrschende Idee in unsrer Seele wird, oder auf den Künstler selbst, dessen Virtuosität den an sich wirkungslosen Gegenstand emporhebt und in einem ungemeinen Lichte zeigt, in welchem Falle die Bewunderung auf die Nachahmung und die Vorzüge der Kunst geht.

Zu der ersten Art gehört das Erhabene in der Dichtkunst in den Gesinnungen und Leidenschaften, bei welchen der Grund zur Bewunderung in der vorzustellenden Sache selbst anzutreffen ist; und hierbei verweilt die Untersuchung am längsten, da Longin diesen Theil am wenigsten berücksichtigt hatte. Die zweite Gattung des Erhabenen ist diejenige, worin die Bewunderung mehr auf die Kunst der Vorstellung, auf das Genie und die außerordentlichen Fähigkeiten des Künstlers zurückfällt.

Wir bewundern dann die großen Talente des Dichters, sein Erfindungsvermögen, seine tiefe Einsicht in das Wesen der Dinge, in die Charaktere und Leidenschaften, und die edle Form, in welcher er seine vortrefflichen Gedanken zur Darstellung bringt;

Klopstock und vor allen Shakespeare bieten hierfür die reichlichsten Belege.

Mit dem Erhabenen nun steht das Naive, für welches kein zureichender deutscher Ausdruck gefunden werden kann, in einer sehr genauen Verbindung. Eine nothwendige Eigenschaft der Naivität ist unstreitig die Einfalt; diese aber für sich allein genügt nicht, sondern es muß darunter ein schöner Gedanke, eine wichtige Wahrheit, eine edle Empfindung, oder ein Affect verborgen liegen, der sich auf eine ungekünstelte Weise äußert. Man könnte demnach den Begriff so festsetzen: wenn ein Gegenstand edel, schön, oder mit seinen wichtigen Folgen gedacht, und durch ein einfältiges Zeichen angedeutet wird, so heißt die Bezeichnung naiv. Das Naive des sittlichen Charakters besteht demnach in der Einfalt im Aeußerlichen, die, ohne es zu wollen, innere Würde verräth, in einer Unwissenheit des Weltgebrauchs, in der Unbesorgtheit für falsche Auslegung, in jenem zuversichtlichen Wesen, das nicht Dummheit und Mangel der Begriffe, sondern Edelmuth, Unschuld und Güte des Herzens zum Grunde hat.

Auch die Grazie oder die hohe Schönheit in der Bewegung ist mit dem Naiven verbunden, da die Bewegungen des Reizenden natürlich, leicht fließend und sanft aufeinander hinweggleiten und ohne Vorsatz und Bewußtsein zu erkennen geben, daß die Triebfedern der Seele, die Regungen des Herzens, aus welcher diese freiwilligen Bewegungen fließen, ebenso ungezwungen spielen, eben so sanft übereinstimmen und ebenso kunstlos sich entwickeln. Je mehr aber damit Bewußtsein verbunden wird, desto mehr wird von dem Naiven abgewichen; dieses nimmt den Charakter des Gesuchten, des Affectirten an und hört überhaupt auf, naiv zu sein. Da nun bei dem Naiven die Einfalt des Zeichens mit der bezeichneten Sache contrastirt, so bringt auch das Naive eine gemischte Empfindung hervor, welche von Mendelssohn fein und treffend zergliedert wird.

„Auch diese Materie", sagt er am Schlusse, „verdiente eine weitere Ausführung, allein sie gehört hier zu dem Endzwecke nicht, den ich mir vorgesetzt habe." Doch war die kurze Behandlung dieser ästhetischen Fragen für Lessing anregend genug, um ihn zu dem Entschlusse zu bestimmen, das epoche=machende Werk Burke's über das Erhabene und Schöne zu übersetzen und mit Anmerkungen zu begleiten, ein Plan, den er lange mit sich herum=trug, aber, von andren Dingen in Anspruch genom=men, nicht zur Ausführung brachte.*)

Er ersuchte Mendelssohn, alle seine Gedanken, die er bei dessen Studium gehabt habe, sein aufzu=schreiben, ein Zeichen dafür, wie Lessing es liebte, mit seinem Freunde Hand in Hand zu gehen, über dessen Denkweise und Art zu philosophiren er sich durchaus nicht erhaben dünkte. Später schickte er, da er durch eine nicht aufschiebbare Arbeit unter=

---

*) Der Meßkatalog von 1758 (1756 ist wohl ein Druck=fehler bei Danzel) und von Michaelis 1759 zeigte dies Werk Lessings unter den libris futuris nundinis prodituris an, und selbst 1768 war er noch Willens dasselbe zu bearbeiten, er wollte nur eine neue vollständigere Ausgabe abwarten. Vergl. Klose's Brief an K. Lessing, Lessings Leben I, 248.

brochen wurde, den Engländer einstweilen ganz Mendelssohn zu und bat ihn, sich so lange mit ihm zu unterhalten, bis er sich aus dem Wuste von Gelehrsamkeit, in welchen er jetzt versunken sei, wieder herausgearbeitet habe.

„Meine Uebersetzung kann zur Messe nunmehr doch nicht fertig werden, und ich habe Sie ohnedem über verschiedene Punkte derselben vorher zu Rathe zu ziehen. Ich erwarte von Ihnen wichtige Anmerkungen über das ganze System des Verfassers. Schreiben Sie mir alles, was Ihnen darüber einfällt; ich hebe Ihre Briefe heilig auf und werde alle Ihre Gedanken zu nützen suchen."*)

Dies gab dann Veranlassung zu der allgemeinen Anzeige des Originals in der Bibl. der sch. W. (Schr. IV. 1, 331 ff.) welche einen Auszug gibt, und zu jenen schätzenswerthen Anmerkungen zu Burke, welche uns der Bruder Lessings in seiner Biographie (II, 201—232) aufbewahrt hat, die sich aber in der Gesammtausgabe der Mendelssohn'schen Schriften sonderbarer Weise nicht finden. Die mit Lessing geführten Verhandlungen nun über dies englische Buch sollten sich von vortheilhaftem und fördernbem Einfluß erweisen, indem jetzt jener frühere Satz in den Briefen über die Empfindungen, daß die das Schönheitsgefühl bedingenden Seelenkräfte, welchen von der Wolff'schen Philosophie ein niederer Rang zuertheilt war, ursprünglich gesetzte und positive, mithin schöpferisch sich erweisende seien, bestimmter in

---

*) Schr. V. 154.

den Vorbergrund tritt und dem ganzen System eine bedeutsame Erweiterung gibt.

In seiner Anzeige, welche eine von Lessing brieflich versuchte kurze Kritik reproducirt, deutet Mendelssohn an, wie seine Empfindungstheorie dadurch ergänzt werden könne, daß die einsichtsvollen und kunstsinnigen Beobachtungen der Engländer durch eine speculative Erklärung aus der Natur der Seele den nothwendigen psychologischen Hintergrund erhielten, und schon in seiner Umarbeitung der eben betrachteten Abhandlung über das Erhabene und Naive tritt dieser Versuch zu compiliren hervor.

Vollkommen richtig bemerkt Hettner (III. 2. S. 222), daß zu dem Studium Burke's auch das Studium der „Grundsätze der Kritik" von Home hinzugetreten sei, was aus der Einschiebung des Begriffes von Reiz und Grazie erhellt. Dieser von Home fixirte ästhetische Begriff als der „Schönheit in Bewegung" wurde der deutschen Aesthetik zuerst von Mendelssohn angeeignet, dem Lessing (in seinem Laokoon Cap. XXI) und Schiller („Anmuth und Würde") hierin nachfolgen, und es ist ein Fehler, wenn Th. Vischer*) glaubt, das Primat dieser Definition für Lessing in Anspruch nehmen zu müssen.

Besonders aber ist es der Zweck der letzten der größeren ästhetischen Schriften, der Rhapsodie über die Empfindungen, welche eine Berichtigung und Vervollständigung der in den Briefen entwickelten Ideen geben soll, eine tiefere philosophische Be=

---

*) Aesthetik I, 184.

gründung der von den Engländern, ohne Hervorhebung des speculativen Zusammenhangs, aneinandergereihten richtigen Beobachtungen zu geben, und so das eigene System zu einer höheren Vollendung zu bringen. Und hier trifft Hettner den Kern der Sache, wenn er als einen der hervorstechendsten Züge in der Rhapsodie die Aufnahme und psychologische Motivirung des wichtigen von Burke gefundenen und von ihm für die deutsche Wissenschaft gewonnenen Gedankens bezeichnet, daß in ästhetischen Dingen immer und überall nur die reine, zweck= und leidenschaftslose Beschaulichkeit walte, und daß lediglich in dieser reinen Beschaulichkeit der Unterschied des Begriffs und der Empfindung des Schönen von den verwandten Begriffen und Empfindungen des Wahren und Guten liege.

Anknüpfend an die Briefe über die Empfindungen zeigt er, wie jene Erklärung von Maupertuis, „daß die angenehme Empfindung eine Vorstellung sei, die wir lieber haben, als nicht haben wollen, die unangenehme Empfindung hingegen eine Vorstellung, die wir lieber nicht haben, als haben wollen", eine unvollkommene und unrichtige ist, und dies gibt ihm Gelegenheit, die schon dort berührte Theorie der gemischten Empfindungen eingehender und tiefer darzulegen. Wir müßten nämlich nach dem Inhalte dieser Erklärung jede unangenehme Empfindung hassen und aus unsrer Seele getilgt zu sehen wünschen, während doch die Erfahrung lehrt, daß unsre Unlust nicht allezeit von der Vorstellung selbst, sondern nur von dem Objecte derselben bestimmt wird. Vielmehr übt die Vorstellung eines Uebels, welches wir in der

Wirklichkeit beklagen und mißbilligen, einen so starken Reiz auf uns aus, daß wir uns lebhaft nach derselben sehnen.

Eine jede Vorstellung steht in einer doppelten Beziehung: einmal auf die Sache, als den Gegenstand derselben, davon sie ein Bild ist, und sodann auf die Seele, oder das denkende Subject, davon sie eine Bestimmung ausmacht. Als Bestimmung der Seele nun kann sie etwas angenehmes haben, obwohl sie als Bild des Gegenstandes von Mißbilligung und Widerwillen begleitet wird, weßhalb man sich vor Verwechslung und Vermengung dieser beiden Beziehungen, der objectiven und der subjectiven, hüten muß. Dies wird erklärt durch die **bejahenden** und **verneinenden Merkmale**, die allen endlichen Dingen zukommen. Die bejahenden Merkmale einer Sache machen die Elemente ihrer Vollkommenheit, sowie die verneinenden die Elemente ihrer Unvollkommenheit aus.

Nun sind es die Elemente der Vollkommenheit, d. h. alle Merkmale, die in einem Dinge etwas Sachliches setzen, welche Wohlgefallen erregen; die Elemente der Unvollkommenheit hingegen, oder die etwas Sachliches verneinenden Merkmale werden mit Mißfallen wahrgenommen. Das Wesen des Aesthetischen aber liegt nach Mendelssohns Theorie darin, daß über die Vorstellung, insofern sie eben ein Product unsrer Seele ist, reflectirt wird. Es kann sich demnach die Lust und Unlust auf das Object beziehen, welchem die bejahenden oder die verneinenden Merkmale eignen, und die erstere oder die letztere wird empfunden, je nachdem man Realitäten oder Mängel in der Beschaffenheit des Gegenstandes wahrnimmt.

In Beziehung auf das denkende Subject, auf die Seele, hingegen ist das Wahrnehmen und Erkennen der Merkmale, sowie die Bezeugung des Wohlgefallens und Mißfallens an denselben, etwas Sachliches, das in derselben gesetzt wird, eine bejahende Bestimmung, die der Seele zukommt. Daher muß jede Vorstellung, wenigstens in Beziehung auf das Subject, als ein bejahendes Prädicat des denkenden Wesens, etwas Wohlgefallendes haben, indem darin Geisteskräfte in Erkennen und Begehren sich äußern, die als Elemente der Vollkommenheit nothwendig Lust und Wohlgefallen erregen.

In Betreff des Guten nun ist das Wohlgefallen ein Doppeltes, da zu der Lust an dem Sachlichen, noch die an der Vorstellung sich gesellt. Das Unvollkommene, Böse und Mangelhafte aber erregt immer eine gemischte Empfindung, welche aus einem Mißfallen an dem Objecte und aus dem Wohlgefallen an der Vorstellung zusammengesetzt ist. Je nachdem nun die Beziehung auf den Gegenstand oder die Beziehung auf uns überwiegt, die herrschende wird und die andre verdunkelt oder ganz unterdrückt, wird eine solche Vorstellung angenehm oder unangenehm sein.

Nur wenn bei der Vorstellung einer objectiven Unvollkommenheit das Sachliche derselben sich unsrer Seele bemeistert und das subjective Element ganz verdrängt wird, ist die hervorgerufene Seelenbewegung eine unangenehme, weil wir dann entweder (so beim sinnlichen Schmerz) der Gegenstand davon selbst sind, oder dieser uns so nahe berührt, daß wir uns unmittelbar mit ihm in Beziehung setzen müssen. Sonst aber ist die Bewegung und Rührung, welche in der Seele durch unangenehme Vorstellungen hervorgebracht wird, in Beziehung auf den Vorwurf nur von einer wohlgefälligen Beschaffenheit und zwar um so mehr, je mehr es uns gelingt, von dem stofflichen Inhalt der Vorstellung zu abstrahiren und uns auf die Wahrnehmung der reinen Form, womit es ja die ästhetische Vorstellung zu thun hat, zu beschränken.

Hieraus erklärt sich der wunderbare Reiz und die Anziehungskraft tragischer Schauspiele, welche der empfindenden Seele den höchsten Genuß gewähren können, und in Betreff deren man nicht zu der dürftigen Erklärung zurückzugreifen braucht, welche Lucrez in den beiden Versen gibt:

Non quia vexari quemquam est jucunda voluptas,
Sed quibus ipse malis careas quia cernere suave est.

Die Keime zu dieser von Mendelssohn wissenschaftlich begründeten Theorie waren allerdings schon vorhanden und finden sich in der französischen Schrift „Théorie des sentiments agréables", welche den Gedanken ausführt, „daß eine jede Beschäftigung der Nerven, die sie wirksam erhalte, ohne sie zu ermüden, angenehm sei", worauf auch Burke seine Lehre vom Erhabenen fundirt. Indessen gewinnt dieser Satz durch die Benutzung und Verwendung in der Rhapsodie eine weit größere Bedeutung und Fruchtbarkeit; und diese feinere und geistigere Auffassung ist das Eigenthum Mendelssohns, welchem freilich Lessing erst den Anstoß gegeben. Dessen Brief nämlich vom

2. Febr. 1757 (M.'s Schr. V.* S. 78 ff.) hatte das Wohlgefallen an traurigen Eindrücken (so in einer Tragödie) daraus abgeleitet, daß wir nicht selbst leiden, sondern nur mitleiden und in derselben Weise, wie eine gleichgestimmte Saite zugleich mit der in Schwingung versetzten anderen im nämlichen Tone erklingt, in einen Affect hineinversetzt werden, welcher ohne Beziehung auf die eigene Wirklichkeit von uns nur als Erhöhung des individuellen Lebensgefühles empfunden wird, somit nur eine angenehme Erregung zur Folge hat. Man sieht auch hieraus, daß die in jenem ästhetischen Briefwechsel hingestreuten Bemerkungen nicht spurlos verhallten, sondern vielmehr eine Aussaat waren, welche in der späteren und für Mendelssohns Anschauung so wichtigen Gedankenentwicklung die besten Früchte treiben sollte.

Die Einwirkung Lessings zeigt sich hier (I, 249), wo er dessen Gedanken in Beziehung auf die Tragödie repetirt, an welcher Stelle sogar sein Stil, wie Danzel bemerkt, dem Lessingischen sich nähert; indessen geht er nun doch nicht vollständig in seines Freundes Geleisen, sodaß er auf dessen Idee seine ganze Darstellung basirte, sondern tritt ihm sogar einmal (in der Anmerkung S. 250) direct entgegen. Im Gegensatze nämlich zu der hergebrachten Eintheilung der tragischen Leidenschaften in Schrecken und Mitleiden, wofür Lessing, dem Aristoteles sich anschließend, Furcht und Mitleiden gesetzt hatte, findet Mendelssohn in dem einzigen Mitleiden die Quelle unsres Vergnügens an tragischen Schauspielen.

Wolle man nur die Unluft über das gegenwärtige Uebel eines Andren Mitleiden nennen, so müssen nicht nur der Schrecken, sondern auch alle übrigen Leidenschaften, die uns von einem Anderen mitgetheilt werden, von dem eigentlichen Mitleiden unterschieden werden. Lessing nun verstehe unter Furcht dasjenige, was wir für uns selbst, unter Mitleiden aber das, was wir für den Nebenmenschen empfinden. Er selbst aber läugne bei einer tragischen Vorstellung diese Rücksicht auf uns selbst, die zu der Sympathie auch keineswegs erforderlich sei. Denn wie oft befinde sich der Bemitleidete in solchen Lagen, in die wir absolut nicht hineingerathen können.

Doch, trete eine Bezugnahme auf uns selbst ein, so sei es nicht eigensüchtige Furcht, sondern vielmehr das lebhaftere Selbstgefühl eines ähnlichen Uebels, welches unser Mitleiden verschärfe. „Aus eben der Ursache" — und dies ist ein sehr gut gewähltes Gegenstück zu dem Beispiele der gleichgestimmten Saiten — „sympathisirt auch jedes Thier nur mit dem Geschrei eines Thieres, das von seiner Art ist, indem es mit diesem Laute das innere Leiden, das es selbst zu einer anderen Zeit gefühlt hat, jetzt auf das lebhafteste verbindet und mitfühlt." —

In dieser Weise werden die Untersuchungen über die Natur der gemischten Empfindungen hier fortgeführt und deren verschiedene Modificationen betrachtet, sodaß die am Ende der Briefe von einem noch unvollkommenen Gesichtspunkt aus gegebenen Andeutungen in der Rhapsodie ihren ergänzenden und gewichtigen Abschluß finden.

Bemerkenswerth ist noch — wenn man von dem wieder etwas stark dem moralisirenden Zeitgeiste opfernden Schlusse absieht — eine Stelle, worin das Wesen des Lächerlichen, und zwar gar nicht so obenhin, berührt wird. Diese das Lächerliche auf einen Contrast zwischen einer Vollkommenheit und Unvollkommenheit gründende Erklärung mag freilich der diesen Begriff dialectisch entwickelnden speculativen Aesthetik unzureichend erscheinen*), ist aber wenigstens für die damalige Zeit durchaus nicht zu verachten, und verräth mehr Einsicht als man vermuthen dürfte in die Natur des Komischen, dessen inneren Widerspruch sie erkennt, und dessen wesentlichste Momente sie hervorhebt.

Von diesem Contraste nun wird gesagt, daß er von keiner Wichtigkeit sein und uns nicht zu nahe angehen müsse; so erregen die Thorheiten der Menschen, insofern sie ohne Gefahr, und die, welche sie begehen, uns gleichgültig sind, unser Lachen. „Man nennt einen solchen Contrast eine Ungereimtheit und sagt daher, ein jedes Lächerliche setze eine Ungereimtheit voraus. Ein jeder Mangel der Uebereinstimmung zwischen Mittel und Absicht, Ursache und Wirkung, zwischen dem Charakter eines Menschen und seinem Betragen, zwischen den Gedanken und der Art, wie sie ausgedrückt werden; überhaupt ein jeder Gegensatz des Großen, Ehrwürdigen, Prächtigen und Vielbedeutenden, neben dem Geringschätzigen,

---

*) Vergl. Chr. Herm. Weiße. System der Aesthetik, als Wissenschaft von der Idee der Schönheit. I, 209 ff.

Verächtlichen und Kleinen, dessen Folgen uns in keine
Verlegenheiten setzen, ist lächerlich*).“

Hiermit nehmen wir von den größeren ästhetischen
Leistungen Mendelssohns Abschied, indem wir von
einer näheren Betrachtung der zahlreichen kleineren
Aufsätze und Recensionen, die sich wohl lohnen würde,
und in denen mancher treffliche Gedanke niedergelegt
ist, absehen müssen, da wir uns die Aufgabe gestellt
haben, die Grundideen Mendelssohns auf diesem
Gebiete in ihrem inneren Zusammenhange zu ent=
wickeln und in allgemeinen Zügen den wissenschaft=
lichen Standpunkt zu fixiren, welchen der feinste
Vertreter der Popularphilosophie in der Geschichte
der Aesthetik einnimmt.

Wenn indessen auch das eigentliche Feld seiner
literarischen Thätigkeit wo anders zu suchen ist, so
beweisen doch jene in den damaligen Journalen zer=
streuten kritischen Arbeiten, daß es ihm keineswegs
an der Fähigkeit mangelte, für seine in der Theorie
erreichten Resultate, auch in der Praxis einen frucht=
baren Halt und Boden zu gewinnen. Dieselben
bekunden mitunter einen so sicheren Tact, ein so
feines Kunstgefühl, daß selbst Lessing — als kritische
Kraft unvergleichlich und ihn wie Alle verdunkelnd
— seiner öfters rühmend erwähnt, und auch das
von Herder (dessen aphoristische Natur am liebsten
bei diesen kleineren Spuren seines Geistes verweilte)
ihm gespendete Lob, nicht gar zu volltönend erscheint.**)

---

*) Schr. I, 256 ff.
**) Herders Lebensbild I, 3. 2. 443. „Wo ich von Hrn. M.

Bei der unmittelbaren Berührung, in welcher das vorige Jahrhundert Wissenschaft und Poesie, Philosophie und Literatur, zusammenlaufen läßt, sodaß es mitunter schwer fällt, die Grenzlinie scharf zu bestimmen, ist es auch von Gewicht, den Punkt zu bezeichnen, in welchem die Mendelssohn'sche Philosophie mit der allgemeinen literarischen Entwicklung des deutschen Geistes correspondirte, ein Punkt, der sich sofort bei der richtigen Erkenntniß ergibt, daß das Charakteristische derselben in einer durch den lebendigen Drang nach Reform bewirkten Anlehnung an die englische Literatur bestehe, deren eigenthümlicher sensualistischer Grundzug in Deutschland eine rein literarische und ästhetische Gestaltung fand, während er bei dem Nachbarvolke, tief in das sittliche Leben eingreifend, dem schroffsten und einseitigsten Materialismus den Weg bereitete.

Die Einwirkung dieses Sensualismus auf die deutsche Literatur, welcher wir bekanntlich deren Re=

---

am Meisten lerne, ist in seinen einzelnen Beurtheilungen, wo er auch über schöne Wissenschaft, nach jenem Lobspruche der Athenienser beim Thucydides, „mit Wohlbestimmtheit philologirt, und ohne Weichlichkeit philosophirt". Und wie kenntlich ist er da in der Bibl. der sch. W. und in den Literaturbriefen. Gewisse Leute mögen sagen, was sie wollen: das Werk, an dem Lessing, Moses und Abbt Hauptverfasser waren, wird eine der besten Schriften unsres Jahrhunderts bleiben, und **die Recensionen des mittleren, unparteiischsten und gleichsten Philosophen** wären es allein, die einen Lehrling auf den Weg der wahren Weltweisheit hinführen könnten, der jetzt" (ein bitterer Seitenblick auf Kant!) „in Deutschland so verstäubt ist."

generation zu verdanken haben, ist als eine rein formale zu betrachten, indem der Existenz des Sinnlichen nur in der Kunst eine Berechtigung vindicirt wurde, wiewohl der Grundsatz, daß die Sinnlichkeit nur als Schönheit Geltung haben solle, nicht immer mit der Objectivität reiner Kunstanschauung durchgeführt erscheint, wie aus dem Beispiele des durch Shaftesbury gebildeten Wieland erhellt, welcher der poetische Vertreter dieser unsrer Literaturstufe war.

„Für diese Richtung der deutschen Literatur", sagt Danzel in einem seiner vorzüglichen Aufsätze, „hat Mendelssohn den theoretischen Ausdruck gefunden, indem er (dargestellter Mäßen) in Beziehung auf die Aesthetik die englischen Lehren, von denen jene Richtung eine Wirkung war, der deutschen Wissenschaft anzueignen suchte. Seine ersten schriftstellerischen Versuche waren von Shaftesbury angeregt, den ihm Lessing in die Hand gegeben hatte, und als Kritiker machte er sich besonders viel mit Wieland zu thun." — —

Möchte es dieser kurzen Darstellung, welcher in Bezug auf Zeit und Umfang so enge Grenzen gezogen waren, gelungen sein, wenigstens die Grundlinien, den Schattenriß der Bedeutung Mendelssohns für die Wissenschaft des Schönen mit einiger Bestimmtheit gezeichnet zu haben, um, wenn auch selbst unvollkommen und den Gegenstand nicht erschöpfend, doch einem oberflächlichen, präjudicirenden Verfahren, welches nur zu oft sich an jenem Zeitalter versucht und es in Bausch und Bogen als einen überwundenen Standpunkt abseits drücken möchte, die Basis einigermaßen erschüttern zu können.

Es ist eine Specialstudie, bei der man freilich einen umfassenden wissenschaftlichen Apparat, sowie den universellen, nur durch ausgedehnte literarische Thätigkeit zu erreichenden Ueberblick vermissen mag, Anforderungen, welche sie übrigens bei dem ihr vorschwebenden bescheidenen Ziele nur in einer gewissen Einschränkung zu befriedigen hatte, und von denen man absehen kann, wenn ihr Kriterium sich dadurch Anerkennung erringt, daß es, seiner Mängel bewußt, in den Grenzen einer unbefangenen Objectivität verharrt.

Die gebräuchlichen Entschuldigungen als eine übelangebrachte Bescheidenheit verschmähend, veröffentliche ich diese Abhandlung, welche schließlich sich selber rechtfertigen und der ich es überlassen muß, sich als zweckmäßig und nicht überflüssig zu erweisen; verhehle indessen nicht, daß ich auf einige wichtige Gesichtspunkte durch Andre geführt worden bin, deren Erörterungen (die scharfsinnigen Danzels an der Spitze) ich dankbar benutzen konnte, ohne die eigene Selbständigkeit daran zu geben, welche auf jeden Fall doch in der Art und Weise dieser Benutzung, sowie in der Form des Ganzen hervortreten würde.

Es braucht nicht erst erwähnt zu werden, daß bei den Schranken, innerhalb deren ich mich bewegen mußte, die Hineinziehung und Verwerthung der speciell philosophischen Schriften Mendelssohns, so besonders der Morgenstunden, sich als eine zwar viel Licht und Nutzen bringende, indeß doch nicht opportune Erweiterung darstellte, wodurch freilich die Arbeit unstreitig einen gelehrteren Charakter bekommen haben würde; ich mußte mich in dieser Hinsicht begnügen, einige flüchtige Andeutungen, sowie in einer verhältnißmäßig langen allgemein philosophischen Einleitung, welche hierdurch ihre Rechtfertigung findet, eine etwas breitere Grundlage zu geben.

Ich würde befriedigt sein, wenn diese Untersuchung, die sich ja auch keineswegs die Schattenseiten verschwiegen hat, zu einer billigeren Beachtung und Anerkennung der Verdienste Mendelssohns um die Aesthetik Anstoß und Anregung geben würde, als derselbe sie gefunden hat, eine Beachtung, welche vor Ueberschätzung durch die festgehaltene richtige Einsicht bewahrt bleibt, daß ihm keine abschließende, sondern eine vermittelnde und bahnbrechende Rolle — diese aber im besten Sinne — zukommt.

Wenn nun Brandis in seiner Einleitung in Mendelssohns philosophische Schriften (I, 85) seine ganze Richtung zu diesem Gebiete hin allein daraus erklären will, daß er durch die Gewalt der Freundschaft in Lessings Geistessphäre hineingezogen sei, so ist dies, wie aus unsrer Ausführung sich ergeben dürfte, eine Behauptung, welche einer wirklichen Begründung entbehrt; und Mendelssohn gelangt zuweilen zu Ideen und Anschauungen, bei welchen sich eine Einwirkung von Seiten Lessings durchaus nicht nachweisen läßt, die aber ihrerseits eine lebendige und folgenreiche Rückwirkung auf diesen ausüben.

Eine nähere Vergleichung mit den übrigen Populärästhetikern, welcher ich mich ohne Ueberschreitung der gesteckten Grenzen nicht unterziehen durfte, würde für Mendelssohn außerordentlich vortheilhaft ausfallen, indem, um nur einen Punkt in's Auge zu fassen, die Klippe der Moral, an der jene gescheitert waren, von ihm im Grunde doch glücklich umsegelt ist, da das allerdings nicht zu leugnende Hineinspielen ethischer Begriffe sich nur als eine Halbheit und Inconsequenz erweist, mit der er dem „praktischen" Geiste seiner Zeit huldigt.

Aber es wäre Unrecht, die stolze Kritik, mit welcher Zimmermann die Populäräsrhetik abfertigt, auch für Moses gelten lassen zu wollen, dessen ästhetisches Urtheil gewiß einen Lessing nicht so angesprochen haben würde, wäre es wirklich nach Art der Zeit engbrüstig und trivial genug gewesen, immer auf diesem Steckenpferde zu reiten. Es ist eine leichtfertige Gedankenlosigkeit Kayserlings, der sich sonst ein sehr günstiges Urtheil aus Danzel, Guhrauer u. A. compilirt hat, wenn er auch in Bezug auf die Mendelssohn'sche Kunstphilosophie, das Wort, „daß ihr die Moral über alles gehe und sie dem Erzieher gleiche, der das Kind nicht mit Messern spielen läßt", Zimmermann, der es zunächst für die Sulzer u. s. w. ausgesprochen, so ganz gemüthlich nachplaudert.

Mit Recht ist die Bemerkung gemacht worden, daß bei consequenter Fortbildung der richtigen Elemente seiner Theorie Mendelssohn zu dem Gesichtspunkte sich hätte erheben können, der die „**Kritik der ästhetischen Urtheilskraft**", durch welche die ganze Wissenschaft in eine neue Epoche trat, beherrscht: er ist, auch in anderer Beziehung, als einer der bedeutendsten Vorläufer Kants zu bezeichnen, und es thut dessen Ruhm nicht den mindesten Eintrag, ist aber für das historische Verständniß desselben von außerordentlichem Belang, wenn man die Ideen, welche durch den schöpferischen Geist des Begründers des Kriticismus eine wahrhaft speculative Ausbildung und Vollendung erhielten, bereits in den Werken des Popularphilosophen hervorkeimen sieht. „Auch im Besonderen", sagt Danzel (a. a. O. S. 365) „finden sich bei Mendelssohn Aeußerungen, denen, um für Kantisch gelten zu können, nur die belebende Seele des durchgeführten transcendentalen Standpunktes fehlt". Ausbeute hierfür gewähren vorzüglich zwei Schriften, die Preisschrift „über die Evidenz in den metaphysischen Wissenschaften", bei der Kant sein Concurrent war, und die „Morgenstunden". Wie er die Unterscheidung von Gedanken und Anschauung, welche zuerst Kant in scharfer, präciser Weise vollzog, wenigstens vorbildete, so rührt er in vielen anderen Punkten direct an ihn hinan.*)

Es ist, um die wichtigste dieser Coincidenzen herauszustellen, eine unverkennbare Hinweisung auf die Lehre Kant's von dem interesselosen Wohlgefallen, wenn Mendelssohn, die bekannte Wolff'sche Eintheilung in Erkenntniß= und Begehrungsvermögen als ungenügend verlassend, ein drittes, das **Billigungsvermögen**, hinzufügt, womit er die Aesthetik seiner Schule weit überflügelt, und hart

---

*) Vergl. hierüber Danzel a. a. O. und Kayserling Cap. 82.

an der Schwelle der neuen Aera steht, welche mit der durch die kritische Philosophie bewirkten Reform ihren Anfang nimmt. Wir könnten nicht leicht einen passenderen Abschluß finden, als diesen, welcher uns den Wendepunkt der geistigen Entwicklung des vorigen Jahrhunderts vorführt, die erfreulichste und weitblickendste Aussicht für die Gestaltung der Wissenschaft des Schönen gewährend.

Diese Stelle, in welcher denn auch Mendelssohn auf seiner Höhe erscheint, findet sich in den „Morgenstunden" (Schr. II, S. 294—295) und lautet: „Man pflegt gemeiniglich das Vermögen der Seele in Erkenntnißvermögen und Begehrungsvermögen einzutheilen und die Empfindung der Lust und Unlust schon mit zum Begehrungsvermögen zu rechnen. Allein mich dünkt, zwischen dem Erkennen und Begehren liege das Billigen, der Beifall, das Wohlgefallen der Seele, welches noch eigentlich von Begierde weit entfernt ist.

„Wir betrachten die Schönheit der Natur und der Kunst, ohne die mindeste Regung von Begierde, mit Vergnügen und Wohlgefallen. Es scheint vielmehr ein besonderes Merkmal der Schönheit zu sein, daß sie mit ruhigem Wohlgefallen betrachtet wird; daß sie gefällt, wenn wir sie auch nicht besitzen, und von dem Verlangen sie zu benutzen auch noch so weit entfernt sind. Erst alsdann, wenn wir das Schöne in Beziehung auf uns betrachten, und den Besitz desselben als ein Gut ansehen, alsdann erst erwacht bei uns die Begierde zu haben, an uns zu bringen, zu besitzen: eine Begierde, die von dem Genusse der Schönheit sehr weit unterschieden ist.

Wie aber dieser Besitz, sowie die Beziehung auf uns, nicht immer stattfindet, und selbst da, wo sie stattfindet, den wahren Freund der Schönheit nicht immer zur Habsucht reizt, so ist auch die Empfindung des Schönen nicht immer mit Begierde verknüpft, und kann also für keine Aeußerung des Begehrungsvermögens gehalten werden.

„Wollte man allenfalls die Richtung, welche die Aufmerksamkeit durch das Wohlgefallen erhält, denselben Gegenstand ferner zu betrachten, wollte man diese eine Wirkung des Begehrungsvermögens nennen, so hätte ich im Grunde nichts dawider. Indessen scheint es mir schicklicher, dieses Wohlgefallen und Mißfallen der Seele, das zwar ein Keim der Begierde, aber noch nicht Begierde selbst ist, mit einem besonderen Namen zu benennen und von der Gemüthsunruhe dieses Namens zu unterscheiden. Ich werde es in der Folge „Billigungsvermögen" nennen, um es dadurch sowohl von der Erkenntniß der Wahrheit, als von dem Verlangen nach dem Guten abzusondern. Es ist gleichsam der Uebergang vom Erkennen zum Begehren, und verbindet diese beiden Vermögen durch die feinste Abstufung, die nur nach einem gewissen Abstande bemerkbar wird."

Druck von Feodor Körber in Frankfurt a. M.,
Weißengasse 12.

www.ingramcontent.com/pod-product-compliance
Lightning Source LLC
Chambersburg PA
CBHW020124170426
43199CB00009B/626